マシューズ&ハーバート
地理学のすすめ

森島 済・赤坂 郁美・羽田 麻美・両角 政彦 [共訳]

GEOGRAPHY
A Very Short Introduction
John A. Matthews, David T. Herbert

丸善出版

GEOGRAPHY

A Very Short Introduction

by

John A. Matthews and David T. Herbert

Copyright © John A. Matthews and David T. Herbert 2008

All rights reserved. No part of this book may be reproduced or transmitted in any form or by any means, electronic or mechanical, including photocopying, recording or by any information storage retrieval system, without the prior written permission of the copyright owner.

"Geography: A Very Short Introduction" was originally published in English in 2008. This translation is published by arrangement with Oxford University Press. Japanese Copyright © 2015 by Maruzen Publishing Co., Ltd.
本書は Oxford University Press の正式翻訳許可を得たものである．

Printed in Japan

原著者まえがき

　本書『地理学 (*Geography: A Very Short Introduction*)』の狙いは，研究分野としての地理学の本質に，簡潔で，生き生きと，しかも信頼ある説明を与えることにある．「地理」という言葉は，いささか単純化されすぎるきらいもあるが，大部分の人は聞けばすぐその意味が頭に浮かぶ．世界のさまざまな国々，河川，山，首都，それらの地図上の位置は，最初によく思い浮かぶものの1つである．よくあるクイズ番組の解答者が，問題に地理ジャンルを選ぶなら，だいたいこういうところから問題が出る．もちろん，地理学は，このような事実の羅列よりはるかに複雑である．主題はきわめて変化に富み，概念は多く，充実しており，方法論は厳密である．それは，広範な教会のようなものであり，しばしば驚くべき関心と関係の広がりを持っている．現代地理学は場所と地勢の単純な記述から発展したが，我々が描写する必要があるのは現代の姿である．強調したい1つは，現代世界を悩ませる多くの重要な問題に対する地理学の中心的立場である．これらは，地球温暖化や環境変化といった視点から，HIVやエイズのような疾病の空間発生率や広がりに至る範囲にまでわたっている．地理学者は，この種の問題に対処するチームに必要とされる技能と経験を持っている．

　地理学は，常に自然的な部分と人文的な部分に分かれてきた．自然地理学者は，地形，植生，土壌，気候変動などの自然の実体としての地球表面を研究している．人文地理学者は，地球表面に居住する人々や移動，居住地，彼らの認知，土地利用，資源や空間のあり

ように関心を持っている．地理学の強さの1つはこの二元性から発生している．つまり，自然と社会の間の架け橋としての働きをする能力である．我々は，この自然と文化の相乗効果に立脚し，自然科学と人文科学の間にある地理学の独特な立場を認めるような，「地理学的実験」を概説する．単一の学問分野としての地理学の統合は，20世紀初期の数十年のうちは明確で強固なものであったが，現代においてそうではなくなってきた．より高い専門化は，自然地理学者と人文地理学者が別の課題に追従し，別の学術研究文献や能力に言及する傾向にあることを意味している．これらの傾向を厳密に議論し，我々の立場として，統合地理学が価値と強さを持ち続けるということを主張したい．

　主要な出典に対し感謝します．特にアラル海の衛星画像を用意していただいたセイツ・ロス氏，登山をしてストーブレーン氷河前面の撮影を行っていただいたジャイルズ・ヤング氏に感謝を表します．ニコラ・ジョーンズ氏，アンナ・ラトクリフ氏には，図表の作成，修正あるいは最終的な構成にわたって素晴らしい仕事をしていただき，さらに，アンドレア・キーガン氏の洞察と提案に感謝するものです．

訳者まえがき

　本書を手にとって，通勤電車の中で読み始めたのは，6年近くも前になる．新入生に対する地理学の導入科目の内容として，地理学全体をどのようなものとして説明することが適当であるのか改めて考える機会があったのがきっかけである．地理学の教科書としては，海外のものとしてもあまりにも薄く，逆にこれだけの厚さで地理学という分野をどのように表現しているのかということに興味を惹かれた．また，人文地理学者と自然地理学者である原著者2名が，どのような形で共著として本書を成り立たせているのかにも強く興味を抱いた．通読してすぐ，これは地理学の導入本として翻訳する価値がありそうだと考え，近くにいた若い教員を巻き込み，勉強会という形式で翻訳を行った．ある程度担当を決めて，翻訳作業を行っていったが，基本的には全員で文意を解釈しながら順番に読み進めていった．それなりの時間を要してしまったが，日頃あまり議論することのない他分野のことや地理学全体に対する意見を共通の話題として交わすことができたのも，大きな収穫であった．同時に，本書を通じて，他の研究者や学生と同様の時間や議論を持つことも可能ではないかと感じた．

　コンパクトにまとめられた本書の中には，実に広がりのある地理学が展開されている．しかも，単なる概論にとどまるのではなく，具体例も含めて読者の興味を持続させるように構成され，さらに原著者らの主張も明確であることが本書を面白くしている点といえよう．第1章には地理学の歴史を踏まえ，地理学の中に流れる根本的

v

(冒険の) 精神が語られ, 中心概念である「場所」「空間」「環境」と現代地理学の定義が示される. 第2章, 第3章において, 自然地理学と人文地理学の性質とこれらの現代的領域が示され, 共通基盤に基づく複合領域としての地理学分野が現代的課題と共に第4章に示される. 系統地理学的な分野におけるこれまでの成果を称えつつ, 現代的課題に対しての統合地理学への期待が述べられ, 第5章へと続く. 分化し, ますます系統地理学的な専門性が進み, 互いの分野の十分な理解がしにくくなる中で, 単に地理学の広がりを並べてみても, 寄せ集めとしてしか映らないかもしれない. 原著者らは, 分化し拡大する中においても, 地理学を学ぶあるいは地理学として研究を行う研究者の中にある共通した考えやその考えに基づく技能を確認しながら, 地理学の魅力とその将来に対するメッセージを伝えている.

　本書を翻訳するにあたって, 適訳と共に可能な限り硬い表現にならないように心がけたが, なかなか適切な表現が見つからず, 原著者らのメッセージを生き生きと伝えることができなかった箇所もあろうかと思われる. これはひとえに翻訳者の英語力および日本語力の限界でもあるので, 是非とも原著も読んで頂きたい.

　出版にようやくたどり着けたのは, 直接的, 間接的に応援して頂いた多くの方々のお陰である. 翻訳が完了した後, しばらくハードディスクに眠ったまま徐々に通常業務に埋もれ, 優先順位が下がろうとしている際に励ましの言葉を頂き, 重い腰を上げることができた. また, 出版社の方に本書の面白さを理解して頂けたことが, 直接本書の出版に結びついている. この場を借りて感謝申し上げたい.

2015年2月

森島　済

訳者一覧

森島　済　　　日本大学文理学部地理学科教授
　　　　　　　〔第1章，第5章，第6章〕

赤坂郁美　　　専修大学文学部環境地理学科教授
　　　　　　　〔第2章，第4章〕

羽田麻美　　　琉球大学国際地域創造学部地域文化科学プログラム准教授
　　　　　　　〔第2章，第4章〕

両角政彦　　　都留文科大学教養学部地域社会学科教授
　　　　　　　〔第1章，第3章〕

2022年11月現在

目　次

第1章　地理学 ―― 世界が舞台　　1

過去の響き／地理学は至るところに／大学の学問分野としての地理学の確立／地理学の中心概念／現代地理学の定義

第2章　自然的側面 ―― 我々の自然環境　　23

地生態圏 ―― 活動の場／自然地理学の発展初期／新たな方向／今日の自然地理学

第3章　人文的側面 ―― 場所の中の人間　　51

変化する取り組み ―― 揺らぐ伝統的船／「文化論的転回」／新たな問題の導入 ―― 他者の再定義／経験主義と実証主義研究はどうなるか？

第4章　全体としての地理学 ―― 共通基盤　　83

共有される概念と実践／統合地理学／地誌学／歴史地理学／人間-環境相互作用の地理学／グローバルチェンジの地理学／景観地理学／未来を共有するか道を分かつか？

第5章　地理学者の研究法　　107

地理学の要となる方法と技能／地理情報システム（GIS）／リテラシー／応用地理学

第6章　地理学の現在と将来　　137

地理学の現代的側面／将来の地理学にとってのマニフェスト

参考文献　　161
さらなる学びのために　　165
図の出典　　171
事項索引／人名索引　　173

【コラム】
①侵食輪廻 29 ／②気候変化の天文学的理論 39 ／③人新世 43 ／④自然地理学の専門分野 46 ／⑤空間分析と計量革命 55 ／⑥空間分析への初期反応 59 ／⑦グランド・セオリーに対する反応 61 ／⑧文化地理学 65 ／⑨ヨーロッパ都市への女性移住者 132 ／⑩シンガポールにおける霊的な地理学 133 ／⑪ハイブリッド地理学 145

第1章
地理学 —— 世界が舞台

　地理学とは何か？　この問いに対する最初の答えは，地理学の本質を議論し，その独特の特徴を確認することによって得ることができる．この本質のいくつかは，エリオット（T. S. Eliot）による次の一節にとらえられている．

> 我々は探検をやめない
> すべての探検の終着点は
> 我々が出発した場所に到着し
> 初めてこの場所を知ることにある．
>
> 　　　　　　T. S. Eliot, *Little Gidding*（1942）

　この引用からわかる地理学の1つの本質的特徴は，我々が生きている世界についてより多くを発見したいという欲望である．世界の多くの部分を記録し，見慣れないものや新しいものに絶えず出会い，そしてそれでもなお我々の原点，すなわち故郷として選んだ場所に帰ることを望むことである．地理学の歴史の多く，そして文明の歴史における数多くの偉大なる出来事は，探検し理解しようとするこの衝動に始まったのである．

過去の響き

　歴史的な記録を見ると，地理学が常に重要だったことがわかる．

紀元前58年にシーザー（Julius Caesar）は，ローマ帝国全般に関連して北ヨーロッパの特徴を次のように記した．

> ガリア全体は3つに分けられており，これらのうち1つにはベルガエ人が住んでいて，2つ目にはアクイターニ人，そして3つ目の地域には彼ら自身の言葉でいうケルタエ人，我々の言葉ではガリア人と呼ばれる人々が住んでいる．それぞれの地域は言語，制度，法律が異なっている……．
>
> 全方位に渡って地形がヘルウェティー族を閉じ込めている．一方では広く深いライン川がヘルウェティー族の国とゲルマン人の国とを分け，他方では非常に高いジュラ山脈がヘルウェティー族とセーカーニー族の間にあり，そしてもう一方ではジュネーブ湖（レマヌス湖）とローヌ川がヘルウェティー族との境界となっている．
>
> Julius Caesar, *Gallic War* (58 BC)

シーザーの記述は，領土の境界を定め，重要な境界となる目印を特定し，人間の区別を理解している．つまり，現在地誌学と呼ばれているものが生み出されている．今日同じような地誌的記述をするならば，それは，欧州連合，アメリカ，中国，旧ソビエト連邦もしくはイスラム世界などの内部や，それらの間の差異を特定するものである．

最古の地理学は，しばしば，あまり知られていない地域を「故郷の人々」に知らせるために記述するものだった．たとえば，ヘロドトス（Herodotus）は，自然環境と文化的占有に関してローマ世界のさまざまな場所を書き記した．初期の地図製作者は海岸，川，山を図示し，地表面の道標や情報を描いた．探検と発見の最盛期において，地図は探検家とその出資者を含む一般市民との間の情報伝達における不可欠な手段だった．1830年にロンドンで設立された王

図 1. スコット部隊（1912年1月18日，南極点にて）．
左からウィルソン博士（Dr. Wilson），スコット隊長（Robert Falcon Scott），水兵のエバンス（Evans），オーツ博士（Dr. Oates），ボワーズ（Lieutenant Bowers）．この写真のネガフィルムは，遭難したスコットと彼に同行した3部隊のテント内で発見された．

立地理学会（The Royal Geographical Society: RGS）は，この時期の偉大な探検の報告と普及のための重要なフォーラムとなった．これらの報告は庶民の想像力をかき立て，そして，リヴィングストン（Livingstone），スタンリー（Stanley），バートンとスピーク（Burton and Speke），さらにナンセン（Nansen），シャクルトン（Shackleton），スコット（Scott, 図1）とアムンゼン（Amundsen）のような探検家たちは，世界の果てにまで到達したコロンブス（Columbus），バスコ・ダ・ガマ（Vasco da Gama），クック（Cook）のような航海者と共に発見の時代の象徴となった．

　以下は，1856年にリヴィングストンがザンベジ川を下り，ヴィクトリアフォールを命名したときの報告の一部である．

第1章 地 理 学——世界が舞台　　3

カライ（Kalai）から20分航行した後，我々は初めて水蒸気の柱を目にした．より適切にいうなら「煙」が，5，6マイル離れたところに立ち上っていて，まさにアフリカの広大なる草原が燃え上がっているかのようであった……．すべての景色がこの上もなく美しかった．川面に点在する岸辺や島々が生い茂る植物に彩られている……．どっしりとしたバオバブが他のすべてを見下ろしながら立っており，その巨大な枝のそれぞれが，大きな幹を形づくっている……．滝は300もしくは400フィートの高さの峰々によって三方が区切られており，それらは森で覆われ，木々の間には赤土が見えている．

> David Livingstone, *Missionary Travels and Researches* (1857)

　アフリカにおけるリヴィングストンの主な目的は宣教活動にあったが，そのときは他の商業的，政治的，もしくは科学的関心にも突き動かされていた．ヨーロッパ人に今まで知られていなかった土地が発見され，そして，地球表面の自然的成り立ちや景観，環境，資源に関する新たな事実が知られるようになった．地理学的な探検の経緯やその報告，地球表面の描写は，科学史にとって非常に重要なものとなった．歴史時代を通して地理学的な発展は科学全体の発展と区別できなかったのである．

　ビーグル号航海中の科学研究において，ダーウィン（Charles Darwin）は，報告の最初の一節に次の通り記している．

　ひどい南西の強風に2度追い返された後，10門の大砲を持つブリグ型帆船，英国軍艦ビーグル号は，フィッツ・ロイ船長（Fitz Roy, R.N.）指揮のもと，1831年12月27日にダヴェンポートから出航した．探検の目的は，チリやペルーの海岸線や太平洋の

島々を調査するために，キング船長が1816〜1830年に始めたパタゴニアとティエラ・デル・フエゴ調査を完了し，そして世界中を巡って一連のクロノメーターによる測定を行うことにあった．

Charles Darwin, *The Voyage of the Beagle*（1845）

これは，科学界を一変させる進化論の構築をダーウィンに着想させる旅であった．その理論は，彼が調査した特にガラパゴス諸島で出会った種の地理的変化から発想したものであったが，航海の主要な目的はこの地域の地図，海図，解説をつくることにあった．これらの地図にはある目的があった．通常その目的は純粋に機能的なものであり，航海を助け，正確な記録を行い，後の探検の道を開くためのものであった．これはこの時代における地理学の実用的側面だった．

この種の基礎地理学は実用科学であって，世界についての知識を確立する助けとなる経験主義および実態把握によって特徴づけられる．探検とそれに付随する地図製作の多くには政治的動機づけが存在した．それは帝国主義や植民地化，特定の国や組織の勢力拡大の試みに強く結びついていた．地図は領土に対する主張を描画し，拡大する勢力圏境界を示す手段だった．クローテ（Stuart Cloete）は自伝中にビクトリア朝期の幼少時代を回想して以下のように記している．

> 北極から南極まで，日の沈むことがないこの帝国のユニオン・ジャックが北極海の強風にはためき，あるいは熱帯の高温に垂れ下がっている……．ブリタニアは波を支配している．パクス・ブリタニカは現実だった．ロンドンは，世界の中心地であった．子どもたちの学校の地図の中の国という国，すべての大陸は，疑いもなくイギリス領として赤く塗られていた．

Stuart Cloete, *A Victorian Son*（1923）

　それ以前のローマ帝国と同様，その後の衰亡はあったが，領土と植民地の争奪は地理学という科学によって促進されたし，また，この科学に貢献もした．19世紀最後の四半世紀は，帝国主義の時代だった．1875年にはアフリカの10％が外国の手中にあり，1900年までにこの数字は90％にまで上昇した．イギリスはアフリカの地図を書き直す際に先頭に立ったが，フランス，ドイツ，ベルギー，ポルトガル，スペイン，イタリアのすべての国々が役割の一部を担った．地図という形で世界を描写し，そうして新たな土地へと旅だとうとするあらゆる試みは，より深い重要な指針を反映していた．課題となったのは，影響力を拡大し，支配を確立し，特定の目的に合ったイメージを提示することであった．したがって，地理学は，物事が「何処にあるか，何処で起こるか」ということ，そしてそれらが空間的にどのように関係しているのかということに常に関心を持ってきた．地図製作者は，彼らが用いる科学的方法の正確さにつき動かされて，この特質を描き出そうとしたのだが，地図の利用者やおそらく地図の検査官たちは，地球表面を形づくってしまう彼らの力に敏感であった．

　地理学の本質を表す時期のもう1つの瞬間は，1847年にヤング（Brigham Young）によって率いられてアメリカ大陸を横断した，モルモン教徒の1,300マイル開拓の足跡によって提示される．何ヶ月にも及ぶ苦難の末，先頭グループはワサッチ山脈の峡谷を抜け，グレートソルトレイクを見下ろした．ヤングがこの景色に達し，見下ろし，「この場所だ」と言った地点には記念碑が印されている．そこはソルトレイクシティという土地であり，ユタ州の歌の題名であり，そしてモルモン文化圏設立の場所となった．つまり意味と象徴を与えられた場所となった．そのような場所の意味は，そのとき

どきにそこを見て，解釈し，利用する人々によって変化するものであるが，地図製作者が描画しようとする地球表面の実際の記述と同様に地理学の一部なのである．

地理学の本質のさらに重要な側面が，マーシュ（George Perkins Marsh）によって強調されている．

> 小アジア，北アフリカ，ギリシャ，ヨーロッパ・アルプスの一部には，人間活動を原因とする作用により，月の表面と同様なほどの徹底的な荒廃をもたらされた場所が存在している……．地球は，その最も崇高な住民にとって適さない居住地へと急速になりつつある．
> George Perkins Marsh, *Man and Nature* (1864)

彼の言葉を引用して示されるのは，地球表面の自然環境と人間活動によって生じるその変容が，地理学の不変的な関心事であるということである．特に火の利用や他の技術を通じた人為的影響の好悪というのは，ずっと以前から資源開発にまとわりつくものであった．悪影響というのは，何も近年の地球温暖化に関連する不用意なものばかりではないことに気づくことが重要である．こうした影響はこれまでも無謀で軽率な行動によって頻繁に生じてきたものなのだ．

地理学は至るところに

今日，地理学は多様な形で日常生活に影響を及ぼしている．「地理学は至るところに」という表現には，その独特の性質を反映させようとしている．あらゆるものは地球表面に位置を持っている．それは緯度・経度や，空間グリッド参照システムの形式，また単に家，学校，職場からの距離として表現される．我々は，1つの地理

的位置からもう1つの地理的位置まで地球表面を移動する．移動には，日々の通勤や通学のように短い距離で頻繁なものや，休暇旅行や遠くに住む親戚を訪ねるようなより長くて稀なものまである．

また，スーパーマーケットやショッピングセンターに出かけると，多くの異なる環境と世界各地からきた品物や日用品を見つける．そこにはカリブ海からのバナナ，フロリダや南アフリカ産の柑橘系フルーツ，フランス，スペイン，チリ，カリフォルニア，オーストラリア，ニュージーランド産のワインが並んでいる．このすべては，世界の異なる地域とその地勢とのつながりを提供している．別のつながりも存在する．たとえば，大きなスーパーマーケットは食品の安全・品質・倫理的観点を定めている．つまり，スーパーマーケットは今や非常に大きな力を持っているために，「食品管理」には植民地経営の残響がある，というのは長く言われていることである．我々が日用品，品物，サービスを買い・使い・処分するとき，これらの行動は想像もしないような形で，他の人々や場所と我々とを結びつけている．もしあなたがロンドンやパリ，ニューヨークのような主要都市を歩けば，世界の多くの異なった地域から移動してきた人々に出会うことになる．ある者は短期の観光客や訪問者であり，ある者は新たな生活を探している移民や難民である．最後となるが，我々は家，近所，都市や町，地域と国のようなはっきりと印（記号，名前）のつけられた空間の中に生きている．これらはすべて既知の地理的場所であって，生活にとても重要とされる領域である．こうした理由により，地理学は至るところにあり，地理学の研究はこれらの位置，つながり，領域，環境，そして場所を調査し，それらの意味を理解しようとするのだ．

地理学の主題は地球表面であり，そのすぐ上の大気圏や直下に横たわる地質構造，居住する人によって与えられた社会的，文化的環境を含んでいる．雑な形ではあるが，地理学の一般的定義はこれら

の特質の多くをとらえている．したがって，事物に関する「何処」は，地理学のキャッチフレーズの1つである．「地理学の目的は地図であり，歴史学の目的は人である」というのがもう1つのキャッチフレーズである．繰り返すが，地理学は世界とその場所に関して教えてくれる．世界的に深刻な問題に悩み，つながりと相互依存を増す世界の中で，地理学としての理解が不可欠であるということに人々のほとんどは同意するだろう．地球温暖化，環境変化，自然災害，難民流出，汚染の拡大，伝染病流行の突然の発生，急速に広がる紛争といったすべての今日的重要課題は少なからず地理学的側面を有している．

大学の学問分野としての地理学の確立

　大学において新たな学問分野が確立するときは，解決すべき独自の問題が常に存在し，この点においては地理学の話も例外ではない．地理空間の地図化は時間を遠く遡るので，地理学の1つの基本原理は遠い過去に属している．同様に，本質的な地理学の概念はギリシャの哲学者，ローマの歴史家，シュメールの地図製作者の著作の中に見つけることができる．経験的事実に即した地理学は，知識の拡大という目に見える要素ではあったが，さまざまな概念は1つの統合された学問分野の中へと結びつけられてこなかった．

　たとえば，英国の大学における一貫した地理学実践の形跡は16世紀までみられない．この実践はさまざまな学問体系の中に含まれており，豊富な知的伝統と確立した学問分野をもたらした．関連した学会，とりわけ王立地理学会は支援を行ってきたが，地図製作，発見，探検といった歴史の優先事項に強い関心を示した．大きな変化が19世紀に広まった．「帝国の時代」には，地図は新たな意味を持ち，発見の航海と旅は政治的関心と共に科学的関心ももたらすこ

とになった．自然淘汰による進化に関するダーウィンの研究は，自然環境に関する地理学的研究の促進剤とみなされた．より直接的には，オックスフォード大学の地理学初の教授であるマッキンダー（Halford Mackinder）が，「地理学的実験（Geographical Experiment）」を展開した．それは，1つの傘のもとに，社会と環境の研究を統合し，文化と自然を保全することを伴うものであった．これが当時の地理学を定義し，地球表面の2つの主要な構成要素の関係を理解するという課題を設定した．

　イギリスでの発展は独立して生じているわけではなかった．フンボルト（Alexander von Humboldt）とリッター（Karl Ritter）は，ドイツにおいて新しい地理学への動きを先導した．フンボルトは自然景観を生み出した地球表面の特徴を重視し，リッターは人の住まいとしての世界における地域の認識について論じた．人間への環境の影響に関するヨーロッパの考え方は，アメリカの地理学者に広がった決定論に関する議論の引き金になった．フランスの地理学者は，伝統と生活様式を反映した文化的景観および地域に強い関心を持った．人や環境，景観の意味についてのこれらの新しい考え方すべてが，19世紀から20世紀初頭に進化した．これは，新たな科学と後期啓蒙運動の水平思考の結果として起こった知的興奮の1つであった．

　この地理学的実験は，大学の学問分野としてそれ自体を確立する機会を地理学に与えた．学問の広がりは，強みでもあり，弱みでもあった．強みとは，地理学が自然と文化やその関係性，あるいは他のいかなる学問分野も必要としなかった概念を含んだということにあった．この広がりは，止めどもなく続く関連性を示す機会であるにもかかわらず，近代地理学において常に論争の的であった．一方，弱みというのは，このように分野の広がりを持つがゆえの興味の拡散と，「何でもあり」という精神性にある．地理学の中の別の

分野がそれぞれ異なる知的伝統に関係しているとき，この弱みは最も明白となる．そのとき，その接点はきわめて少ないかまったく存在しなくなる．公平に言えば，大部分の自然地理学は，今日，自然的，数学的な科学の研究構成の中で進展しているが，一方ほとんどの人文地理学は人文的，社会的研究の伝統を利用し，相互関係を有している．自然地理学と人文地理学が互いに交流し合う中で明確な欠陥を見出すことは可能であるが，多くの者にとって，これは少数派の興味である．

　現在，地理学は定着した大学の学問分野である．ヨーロッパの大学では一般的な存在であるし，世界の大部分の地域において学部と大学院両方のカリキュラムで広くみられる．国際地理学連合（The International Geographical Union）には，75の異なる国々が名を連ね，たとえば，日本で27，南アフリカで14，中国で10，インドで5，ペルーで4，モロッコ，フィリピン，スーダン，タンザニアで各1などの組織が含まれる．大部分の組織は先進国にある．イギリスにおける高等教育機関のための2001年研究評価実習には，450人以上の研究者からなる60の機関からの申し込みがあった．アメリカ合衆国における地理学の学位機構を持つ総合大学と単科大学は，現在217機関であり，カナダにはさらに42機関存在している．現在の傾向は地球科学や人間科学，環境科学・研究のような名称を持つ学科の中での他分野と地理学科の統合である．地理学的調査や学部研究はこれらの新しい課程の中で継続しているので，変化の多くがきわめて表面的であり，地理学を学ぼうとする学生は，希望にあった学位スキームを容易に見つけられる．

地理学の中心概念

　では，地理学はどれくらい重要なのか？　おそらく基本的重要性

はすでにはっきりしたので，次の問いは「中心概念が何処に存在するか？」ということである．

　地理学は常に空間分析というものに関わっており，この**空間**というものが第一の中心概念である．地理空間は，位置，つまり，地理的座標に関して我々が地球表面上の何処にいるかということと，さまざまな方法で測定された距離，そして地球表面の異なる位置の相互関係を完全なものにする方角から成り立っている．地理空間への関心の中心となる主要命題は，地球表面を描写するその方法であった．地図や地図製作，最近では衛星画像といったものは，縮尺と表現形式によって品質決定されるが，これらは地理的解析のための仕事道具である．

　地図製作者や測量技師にとって空間は絶対であり，その科学とは細部にわたって正確に空間を描写することなのである．地理学者は平面紙に球形の地球を描くという基本的問題に取り組み，地図投影の発達はその過程の縮図である．その他ならぬ成果は１つの妥協である．つまり距離か面積のどちらかは正しいが，その両方は達成できない．16世紀におけるメルカトル（Gerardus Mercator）の発展性ある投影図法は，方位磁針の方向が常に正しい方向と一致するものであり，その基準を定めた．人文地理学者は，空間が多くの場合，相対的関係において示されているときにより役立つということを見出した．たとえば，店を訪れようとする人々にとって，20マイルは歩くには障がいとなるが車なら大したことがない．距離は近接性に影響され，近接性は人間のタイプ同様，地形のタイプによっても与えられる．つまり，平坦地は急斜面より扱いやすい．この種の条件づけがない限り直線距離自体はあまり意味のないことといえる．

　場所は，地理学のもう１つの中心概念である．場所は空間と独立したものではない．なぜなら，場所はある地区もしくは領域を含んでいるからである．つまり場所とは区切られた空間の一形態であ

る．場所は，州や国，近所や家といったさまざまなスケールに適用しうる．したがって，場所は限定して認識される領域を包含する境界や縁，端への探索を含んでいる．場所の違いを述べるとき，その関心の中心は河川や山脈のような自然境界であってもよいが，境界は，政治的状況を識別したり，紛争地域間の仲裁をしたりすることに熱心な人間という政策決定者によっても設定される．自然境界は常にはっきりとしているわけではなく，主要な紛争や衝突は相対的に小さな土地区画の指定を越えて生じうるというのが歴史的教訓である．地理学は主観的に場所を定義するメンタルマップやイメージも包含している．たとえば，近隣の住民たちは近所という境界を描いたり，居住している街のメンタルマップを作成したりするよう頼まれるかもしれない．人々は特別な意味やしばしば個人的な意味を場所に付与する．それは子どもの頃過ごした場所や特別な出来事を連想する場所であったりするだろう．さまざまな文化からなるさまざまな人々が，地球表面の同じところをさまざまな方法で認識し，解釈する可能性がある．

　要するに，場所に付与された意味というものが存在する．この意味は容易には測定できない情緒的，感情的なものかもしれない．たとえば，架空の小説のための背景であったり，著者が居住し，働いたりしたところといった文学上の場所に対して興味が高まっている．そのような場所は，著者の実生活と少なくとも同じくらい，架空の設定やそこに住む登場人物たちにも興味のある来訪者を多数惹きつけている．例として，ブロンテ家が住んでいたヨークシャー州のハワースは，多くの来訪者を惹きつけているが，ムアズ近隣の魅力のほとんどが，小説中の登場人物であるヒースクリフとキャサリン・アーンショウが歩いたという事実にある．同様にファウルズ (John Fowles) は，彼の著書『フランス軍中尉の女 (*The French Lieutenant's Woman*)』が映画化された後，ライム・リージズのコ

ブという街に新たな意味を吹き込んだ．これらの例は，場所という概念の多様性を示している．野原や森のような地面にある正確に測定されたところであってもよいが，主観的イメージもしくは特別な意味が染みこんで明確に定義された位置であってもよい．サッカー場や，他のスポーツイベント開催地は，そのどちらともみなせる．測定でき正確に定義されるが，数千の人々の文化的生活の一部を構成し，優れた功績の場として記憶される象徴的な場所でもありうる．

　環境は，地理学の第三の中心概念である．曖昧さがないように解釈するなら，それは自然環境のことであるが，その環境は人々によって占有されており，その意味においてより広い意味を持つ．場所と同じく環境は，測定・モニタリングが可能な生物物理学的特徴と同様に，人間の知覚や熱望といったものまで含んでいる．環境を成立させる地球表面の形態とプロセスは，自然地理学・人文地理学双

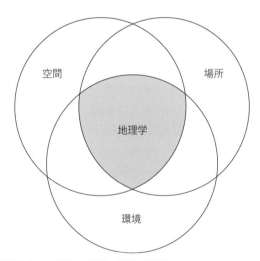

図2． 地理学の3つの概念：空間，場所，環境．
地理学の本質（陰影部）は，固有の場所と，人と環境の相互作用を伴う地球表面を覆う空間変動の統合である．

方にとって本質的な部分である．同様に，自然環境と人間の互恵的関係は常に重要な問題であり続けている．その重点は，人間に対する環境決定的な制約を示唆する初期の考え方から，自然環境に対する人的影響の危惧への高まりへと時と共に変化してきた．持続可能性，環境の管理，オゾンホール縮小のための取り決め，炭素燃料の使用制限に向けた地球サミットといった現代的問題のすべては，この重要な相互関係を理解しなければならないという緊急の要請に伴うものである．地理学者は，自分たちだけがこのような全体論的な見方に注目していたし，そしてこういう見方が，環境変化やグローバリゼーションといった問題が切迫しつつある世界においてますます重要性を増していくのだ，と主張することだろう．空間，場所，環境という3つの中心概念は，地理学の中心的な関心事であると言ってもよく，つまりこれらの概念が主題をまとめ，意味を与える紐帯なのである（図2）．

現代地理学の定義

地理学の実務上の簡潔な定義はすでに述べたが，これからより正式な定義をいくつか検討し，存在する合意の程度を調べることは有益である．最近の刊行物による我々自身の定義は次の通りである．

> 地理学は，地球表面の科学である．それは，局所的なものからグローバルな規模での，地球上の自然的・人間的環境および景観における諸現と諸過程を含んでいる．自然地理学と人文地理学がその基本的区分である．自然地理学はまぎれもなく1つの科学であり，地球表面の自然の成り立ちを分析し，また人文地理学はこの領域の人間の占有に焦点を当てるものである．
> D. T. Herbert and J. A. Matthews, *The Encyclopaedic*

Dictionary of Environmental Change (2001)

　これはかなり長めの引用であるが，他にも同様のより簡潔な定義がある．アメリカの地理学者アッカーマン（Edward Ackerman）は，人と自然の間のシステムと相互作用という考えに焦点を当てている．

> 地理学が目指すのは，地球上すべての人間と自然環境からなる広大な相互作用系の理解以外の何ものでもない．
> E. A. Ackerman, 'Where is a Research Frontier?' (1963)

　アメリカの別の地理学者は，地理学の壮大な広がりと包括的な特徴を説明しており，これはすべての多様性において地球に目を向ける方法である．

> 地理学は場所の科学であり，その視野は壮大で，見方は俯瞰的である．地球上を見渡し，自然，生物，文化領域を図化するのだ．
> Science, review of Harm de Blij's *Geography Book* (1995)

　最後の2つの定義もアメリカの地理学者によるものであるが，地理学の科学的性質および空間と環境の中に働く相互作用過程を重視している．

> 地理学とは環境・社会プロセスの空間的側面を理解することに関連した学問である．
> G. F. White, *Encyclopedia of Global Environmental Change* (2002)

地理学は，環境と社会の力学とそれらの相互作用の研究および科学である．

G. L. Gaile and C. J. Willmott, *Geography in America*（2003）

　これらの定義にあまり隔たりはない．それらは中心概念を含み，地理学に特別な意味を与えている統合的な役割というものを重視している．地理学の歴史におけるさまざまな時期には，ある特定の主要概念が他のものより強調されていたかもしれないが，3つすべてが共存してきており，主題の中心を形成している．同様に，自然地理学と人文地理学の中では，特定の目的のために特定の概念がより強調されたり，されなかったりしているかもしれないし，それらの正確な解釈が変化しているかもしれない．現代では，地理学の「事実」というものが不確かなものであるという，より大きな認識が存在する．つまり，事実というものはさまざまな時点で，さまざまな人々にとって異なったものであることを意味している．たとえば，場所の概念は，領域の単純な区分から領域を満たす情緒的価値の研究へと移っていった．地理学の目的の中にあるこの曖昧な表現の受容は，それ自身，新しい理解軸を切り開く前向きな特性である．

　それゆえ，地理学は3つの概念——空間，場所，環境——が重なる連鎖的系列として考えられるべきである（図2）．我々が先に定義し，また後の章でさらなる推敲が行われるように，空間，場所，環境は，地理学という学問の不可欠な部分である．そのままでは地理学を定義するには十分でない．それゆえ，図2に地理学の核心部分を陰影で表現した．この統合領域を説明する1つの用語はあるのだろうか？　おそらくないだろうが，地理学を示すこの重なりを定義するために，景観の概念は近いものがある．この主張の理解に役立つ2つの隠喩がある．1つ目の隠喩は，景観がパリンプセストの

性質を有するという考えである．語源からもわかるように，パリンプセストは，紙の出現以前に，何度も再利用して書かれた羊皮紙の一形態である．以前書いたものを消すことができたが，どうしても痕跡は残ることになる．景観も同様に考えることができる．景観は自然的，人文的作用によって何度も描かれてきたが，過去の痕跡が依然として識別できる．2つ目の隠喩は，フランスの人文地理学者ブラーシュ（Vidal de la Blache）によって提示された．彼によれば，景観は「人々の心像の鋳造（medal cast in the image of its people）」にたとえられる．彼の景観研究は，長期間にわたって人々が土地に居住したという記録を読み取る．たとえば，遺跡，田畑の様式，あるいは集落の形状といったものが証拠となる．景観はそのとき，地理学の中の結びつきにほぼ相当するものとなる．自然と文化が結合する地球表層の統合部分としての地域研究も同様に考えることができる．

　空間-場所-環境の重なりに焦点を当てる他の学問はない．これが歴史を通じて地理学の対象であり，今日でもその役割を定義している．しかも地理学は発展してきた．特定の概念が解釈され，研究が行われるという道のりの中で多くのものが変化してきた．図3は，これらの変化や地理学が経てきた主要な段階，近年表出してきた分岐と葛藤の大筋をたどっている．第1段階は，冒険家と地図製作者が既知の世界の特性を描き出した19世紀中頃までの長い期間である．19世紀後半の第2段階は，自然と文化の間の橋渡し的役割に対して見出された大学の地理学という学問の独自性の確立を示している．20世紀前半の第3段階では，地域研究と人文景観へと焦点が移行し，20世紀中頃から始まる第4段階は，自然と人という広範な領域の中での系統的学問の明確な出現を示している．20世紀の終わり頃に始まる第5段階は，現代まで至り，広範な研究分野の多様性をもたらしている．私たちが明らかにしようとしている現代

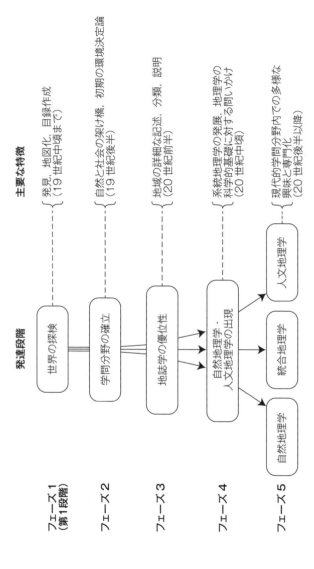

図3. 地理学の発展の主要な5段階とその重要な特徴．

地理学とはこれのことである．

　地球観測（Earth Observation: EO）として知られる衛星リモートセンシング，地理情報システム（Geographic Information System: GIS）や他の強力な定量的方法が，伝統的フィールドワークや比較研究法に加えられてきたが，現代地理学の課題の中で，地図のような多くの伝統的要素は依然として重要である．少なくとも人文地理学の中では，空間と場所という確立された中心概念が，現代的な社会・文化理論により転換されてきた．持続可能性という問題や惑星地球の保護・保全が肝要となっているため，生物物理学的環境や人間環境，その相互作用を理解する必要性がますます急を要するようになっている．全体として地理学の中での統合が弱まっているので，自然地理学と人文地理学は共により専門化し，研究課題の多くに異なる研究方法をとってきた．最も重要なのは，自然地理学が科学的証明を強く主張している一方で，人文地理学が批判理論や価値，倫理を重視することにある．

　したがって，現代地理学の調査や発見は，コロンブスやリヴィングストン，スコットの時代とは異なるが，重要であることに変わりはない．王立地理学会によって行われた1960年代のブラジルのマトグロッソ，1970年代のサラワクのムル熱帯林，1980年代のオマーン王国のワヒバ砂漠というような遠征はまだ存在する．調査目的はそのままであるが，それらは現在一般的に「研究プロジェクト」と呼ばれている．たとえば，ワヒバ砂漠プロジェクトの目的は，砂漠自体やその生物資源と人々を含む全体の地生態系としてのワヒバ砂漠の砂海を調査するものであった．おそらく，伝統的なやり方との主な違いは，持続可能な発展のための管理計画につなげることにある．

　現代地理学は，自然科学と社会科学だけでなく，人文科学のある必須要素を成している．いまだに未知への探求は残っているが，

「既知のもの」が変化するにしたがって地理学も変化してきた．コンピュータ，実験室，図書館は，地図やフィールドワーク同様，今や地理学者に欠かせないものである．そして，特に多くの行動・文化地理学者にとって，昔の探検家でいう未知の世界（*terrae incognitae*）は，人間の感情における未知へと置き換えられてきた．しかしながら，グレン（John Glenn）の月面への第一歩は，いまだ伝統的探検の可能性があることを示しており，おそらくこの意味で宇宙はまさに「最後のフロンティア」であることを示している．

第2章
自然的側面——我々の自然環境

　自然環境に関する研究は，常に地理学の重要な部分であり，本章の関心の中心である．自然地理学は，地球表面の自然環境科学と定義してもよい．しかし，その特徴はどのようなもので，いかに発展してきたのか？　自然地理学は地球上の自然環境を調査する他の科学とどのように関連し合い，自然地理学が持つ特別な役割とは正確には何なのか？

地生態圏——活動の場

　「地生態圏」として，地球表面を考えること，つまりすべての地球上の景観からなる限られた地表層を考えることは，図4（A）に示されるような，自然地理学の全体構成を定義する際の助けとなる．地生態圏は6つの圏に分けられ，それぞれの圏はそれを対象とする専門的自然地理学者をひきつけている．地球表面の形状（地表圏）は地形学，地球のすべての生命（生物圏）は生物地理学，大気に包まれる下層（気圏）は気候学の対象とみなされる．図4（A）に示される他の重要な圏には，地球を覆う土に関わる土壌圏，川・湖・海・地下水といった液体の水に関わる水圏，雪・氷・凍土の世界である雪氷圏がある．

　他分野の科学者も，もちろん，これらの「圏」に関心を持っている．たとえば，地表圏はその下にある岩石圏の影響を受けており，地質学者，地球物理学者，地球化学者によって基礎研究がなされて

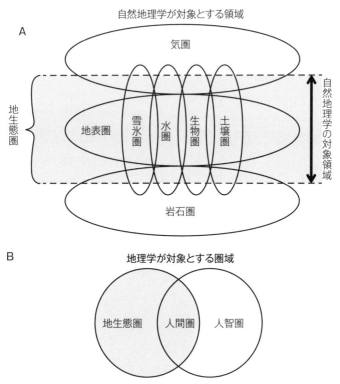

図4. 自然地理学の対象領域となる地生態圏（陰影部）.
（A）自然地生態圏とそれを構成する圏，（B）人為的影響下にある地生態圏もしくは人間圏．

いる．気象学者，大気物理学者，大気化学者から成る大気科学者は，高層を含む大気圏を研究している．高層大気に関心を抱く少数の自然地理学者もいる．植物学者，動物学者，生態学者は，生物圏を調査し，土壌学者，水文学者，雪氷学者などの学者達は上述した他の圏を専門としている．他の科学分野と自然地理学との違いは，自然地理学が景観の空間分布，およびその背景にある局所スケールから地域スケール，グローバルスケールに至る相互作用に関心を持

つことにある．たとえば局所スケールの分布は，丘陵斜面や谷の形，蛇行河川，森林分布，都市気候を含み，地域スケールでは，山脈，流域，気候帯といったものが際立つ．一方，グローバルスケールでは，地球温暖化，森林破壊，多様性の損失や地球-海洋-大気相互作用を主題として調査が行われる．

　自然地理学者はさまざまな圏における場所ごとの変動を研究するだけでなく，異なる圏の間の相互作用やそれらの時間的変化も研究している．エルニーニョ現象は，さまざまな時空間スケールにおける相互作用の好例である．温暖なエルニーニョ海流は，クリスマスの直後，エクアドルから北部ペルーの海岸沖に現れることから命名された．この周期的なイベントは，赤道太平洋の表層水の顕著な高温化を伴って熱帯域で始まり，世界規模の影響を生み出しつつ世界中に伝播していく．北半球冬季に典型的にみられるエルニーニョ現象の影響を図5に示す．インドネシア，東部オーストラリア，南部アフリカで干ばつが生じる一方，猛烈な嵐と洪水がエクアドルやペルー沿岸，北アメリカのメキシコ湾岸の州に生じている．

　自然地理学は，地生態圏における空間分布と空間的プロセスに重点を置くことで定義されるが，人間活動もまた重要な役割を果たしている．地球という惑星の薄い「皮膚」が自然環境であり，すべてではないにしろ，人類は部分的にこれに依存しているのである．しかしながら，他の生物圏と人類を区別しているのは，自らの文化的・技術的環境を創出する意識的能力にある．それゆえ，そのことが，人間の精神活動の圏を認知することを可能とし，「人智圏」と命名されることとなった．図4（B）中で，「人智圏」は自然的地生態圏に並び示されている．これら2圏の重なる部分は人間が改変する地生態圏もしくは人間圏である．この中に自然地理学と人文地理学の根本的なつながりがあり，自然環境が地理学の自然的土台とみなされうるのは，少なくともこの意味においてなのである．

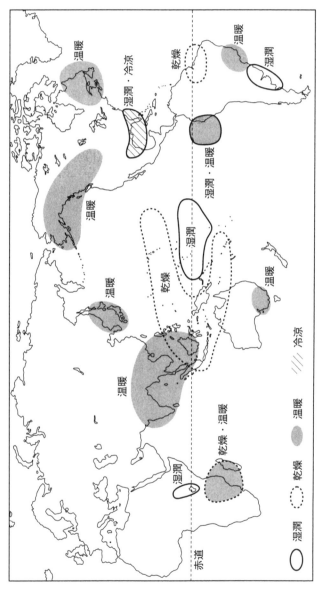

図5. エルニーニョ現象発生期間中の北半球冬季における典型的な気候アノマリー．

自然環境に対する人間の影響は容赦なく増加しているため，人間圏から自然の地生態圏を分離することはより困難となってきている．ほとんどの地球表面とこれを構成する圏は，自然および人間のさまざまな種類の攪乱の影響を受けている．現在，地球上の地表面において，農業は約45%，林業はおよそ10%，交通は5%，都市開発は3%，鉱物採掘は1%の影響を与えている．軍事的活動も多くの地域に影響を与えてきており，その影響範囲はアメリカの1%，ベトナムの40%にまでわたる．このことは，自然地理学のすべてが人間環境の影響に関心を持っていると言うわけでもなく，人文地理学のすべてに対して自然環境的な原理が存在していると言っているわけでもない．相互作用という特質が，常に考慮されなければならないのだ．

自然地理学の発展初期

　初期の創始者のうち，科学的なものとしての自然地理学の最も優れた主唱者は，疑いなくドイツの博物学者フンボルト（Alexander von Humboldt）である．多くの探検において，彼は気温・気圧・地磁気観測による調査を組み合わせ，植生の地理的分布や地球規模の気温分布（地図上で等温線として示される），海抜高度の上昇に伴う気温低下と植生変化の様相（カナリア諸島のテネリフェ島など），火山配列，海流の方向に関する一般化を行った．たとえば1849年に刊行された『コスモス（*Cosmos: A Sketch of Physical Description of the Universe*）』のような，19世紀半ばに書かれた主要な仕事において，彼は自然地生態圏内の関係だけでなく，人間社会とのつながりも同様に重要視している．その前年には，オックスフォード大学のサマーヴィル（Mary Somerville）が『自然地理学（*Physical Geography*）』を著し，自然地理学を「大気や海洋，これ

らと共に生息する動植物，その組織的存在の分布や原因といった地球に関する記述をする」学問分野として定義した．

1859年のダーウィン（Charles Darwin）による『自然淘汰による種の起源（*The Origin of Species by Means of Natural Selection*）』は，初期における別の重要な影響力を持っていた．この研究は，自然地理学を含むすべての自然環境科学に深い影響を与えた．調和的に統合化され，しかも本質的に安定したものとして地生態圏をみなす考え方は，常に変化し調整と発達を続けている地球表面を受け入れなければならなかった．このような背景から，ハクスリー（Thomas Huxley）による『地文学（*Physiography*）』が1877年に刊行された．彼はイギリス南東部のテムズ川平野に特に関連した主題を発展させる一方，ある革新的な枠組みの中で，景観のさまざまな自然構成要素間の因果的つながりに重点を置いた．

20世紀初期までに，アメリカの地理学者ディヴィス（William Morris Davis）は，「侵食輪廻」または「地形輪廻」という概念を特に発展させた（コラム①参照）．彼は，地形が「幼年期」から「壮年期」，「老年期」に至る一連のさまざまなステージを表すという考えをとった．この考えは，以降半世紀間において地形学の有力な理論となった．地形景観は，構造（下部の地質），プロセス（主に表面流による侵食），ステージ（景観の年齢もしくは輪廻の中での段階）の産物とみなされた．しかしそれは，その下の地質構造に対する地形形成プロセスの影響に関してはほとんど知られていなかったゆえに，目立ったステージに重点を置くものであった．比較進化モデルや発達モデルは他の自然地理分野において発展した．アメリカの生態学者であるクレメンツ（Frederick E. Clements）は，植物相の最終的ステージに対し「気候的極相」という言葉をつくり出した．生物地理学における彼の役割は，地形学におけるディヴィスと同様のものであった．気候学において，同様の考え方は気候変

【コラム①】侵食輪廻

　ディヴィス（William Morris Davis）は，侵食輪廻というモデルを提案した．これは原地形の隆起に始まり，引き続く河川による急速な開析，その後，谷底の拡大が生じるというものである．全体のモデルは，減傾斜していく曲線状斜面（凹凸斜面）から成り，最終的には準平原として知られる起伏の小さな景観となる（土地の隆起が起こると，景観を若返らせ，新たな輪廻が始まる）．彼のモデルの要点を図6（A）に示す．いわゆる「正規輪廻」に適合しない氷河作用によって形成される地形は，「気候上の偶然の出来事」としてみなされた．原型モデルが提唱されたアメリカやヨーロッパは概して温暖で河川の支配を受ける地域であったので，それとは異なる気候地域には，後に別の侵食輪廻が提唱された．たとえば，南アフリカの半乾燥地域により適合すると考えられた代替モデルの1つは，ディヴィスの減傾斜（面）モデルよりはむしろ平行後退斜面モデルだった（図6（B））．このモデルによれば，急斜面と初期の地形面である残存部の広がりは輪廻の最後まで残り続ける．

　これらのモデルは，体系的な時間変化理論に地形学者の考えを集中させたが，一方でそのような「輪廻」は制約でもあった．これらの理論モデルは，実際にある地形の複雑な発達との関係において，あまりにも単純すぎた．特に，地形は一輪廻が完結する間，十分に長く安定し続けることはない．なぜなら，隆起を支配する内的営力と，地球表面上のプロセスに影響する環境変化の両方が存在するためである．地形発達についての現代的関心は，条件変化に対する地形の反応の仕方や，過去における地形変化の割合，将来起こりうる環境変化に対する地形の応答に対して高いものとなっている．

化パターンを説明するために発展した．これについては，後で概説する．

　自然地理学におけるこれらの発展は，より焦点を絞った科学的取り組みへと向かう動きとなったが，自然地理学は20世紀前半の間，全体としての地理学の中で支配的課題となった地誌学において

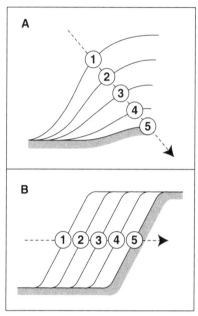

図 6.「侵食輪廻」を含む地形発達の初期モデル.
（A）温暖な環境における斜面後退（ディヴィス・モデル），（B）半乾燥環境により適した斜面後退. 数字は丘陵斜面の展開における連続的段階を示す.

も主要な役割を担っていた．出版された地誌の中での記述の大半は，人々の居住と地球表面のさまざまな場所の利用に対する自然地理的背景についてのものだった．そのような記述は，一般に地形，気候，植生，土壌といった章形式をとっていた．

そのため，20世紀中頃に向けて，自然地理学の発展はゆっくりとしたものになった．進歩した主な領域は，地形，気候，植生や地表面を形づくる他の現象に関する地球規模の分類にあった．知識基盤は広がり，体系化された．植生の構造，気候型，地形の成り立ちといった特徴や多様性というものがより完全な形で一覧化された．たとえば植生構造が気候型に結びついているように，分類は大抵つ

ながりを持ったが，これらの現象に内在する中核的な地球表層プロセスを理解する試みはなかった．地生態圏の統合的自然地理学を発展させようとする初期の試みは，長らく忘れ去られてしまった．

新たな方向

　伝統的地誌学に対する関心が20世紀中頃に弱まったために，自然地理学内に急速な成長と多様化が生じた．現代的自然地理学の発現におけるこの出発点は，2つの主要な相互的発展に起因している．1つは地理学全体としての「計量革命」であり，科学的方法に明確な重点をもたらした．もう1つは自然地理学それ自身の中での「プロセス革命」であり，地球表層の可変的特徴を生み出すプロセスに関するより深い理解をもたらした．この2つの発展は，再び自然地理学者を関連の自然環境科学から方法論的，実質的着想を探求するものへと導いた．

地球表層プロセス

　「形態」よりもむしろ「プロセス」に重点を置くことの正当な理由づけは，地球表面の空間的パターンとその地生態圏のダイナミクスを説明するために，プロセスとメカニズムの理解が不可欠であるということにある．たとえば，図6にあげた侵食輪廻のモデルを提案することは，斜面に影響を与えるプロセスを理解することなくしては不十分である．そのような発想は，根本的なあり方において自然地理学を徹底的に修正するものであり，真に革命的であった．自然地理学者はプロセスを直接調査することにより，景観の性質について以前から述べられてきた多くのものは正しくないことを示した．河川地形学者は流速と流出量を測定するために川に入り，氷河地形学者は氷河底での侵食効果を測定するために氷河に穴を掘り，

そして砂漠地形学者は実験的に砂丘の堆積を研究するために風洞を利用した．地球-表面の現象の記載と分類は，測定とモニタリング，解析，形成プロセスのモデル化にどんどん置き換わっていった．

　自然地理学の中では少数派であるにもかかわらず，気候学はプロセス革命を先導してきたと評価することができる．気象プロセスの影響は，規則的な日々あるいは季節的な天気パターンの中に明瞭に現れている．長期的平均状態と短期的で極端な現象が共に気候を構成しており，比較的容易に観測されている．気温，気圧，降水量，風といった気象要素の観測とモニタリングの長い伝統が存在し，実際，国あるいは国際的に気象観測点が建設され，地球上のほとんどで運用され続けている．加えて気候学者は，背景となる気象プロセスの物理原理に精通し，それらのデータを集約する基礎統計を日常的に利用した．したがって，プロセスに重点を置くことは，気候学にとって概念的もしくは実際的飛躍とはならなかったのである．大気大循環に基礎を置く気候パターンの解明がその成果である．それは，太陽からのエネルギーによって駆動され，温帯低気圧のようなより小さなスケールの循環パターンが内在し，地形や地表面特性のような地域的，局所的効果によって変質する．今日，そのようなプロセスへの理解が，21世紀初めに生じつつある気候変化を理解するための根本的考え方として利用されている（この気候変化については第4章，第6章で議論する）．

　土壌地理学は，土壌を形成するさまざまな環境に対して異なった土壌型を関連づけることにより，自然地理学に対してプロセスの重要性をうまく示している．多くの土壌生成プロセスは，地表面を覆う未固結物質（レゴリス）を生産性のある土壌へと変化させている．各々の土壌生成プロセスは，物理的，化学的もしくは生物的変質を含んでおり，それらの効果は世界のさまざまな場所で変化する．たとえば溶脱作用は，上部土壌層からの可溶性物質の除去を意

味するが，それは土壌水の下方浸透を必要とし，通常降水量が蒸発量を上回るところで生じている．洗脱作用は上層の粘土の移動と下層への再集積であり，乾季を伴う湿潤気候でよく発達する．対照的に，可溶性塩類の上方移動（塩類化）と土壌断面中の集積は，可溶性塩類を洗い流す降水量が十分ではない乾燥，半乾燥地の特徴である．塩類は毛細管現象により地下水中で引き上げられ，水が蒸発するために取り残される．土壌中で進行するこれらのプロセスの知識がなければ世界の土壌の多様性を理解することはできない．さらに，土壌生成プロセスを理解すればするほど，土壌管理や保全を効果的にし，地力の維持と土壌劣化の軽減への可能性を高めることになる．

システム

広く用いられる「システム手法」は「プロセス革命」から発展した．一般に，あるシステムは相互関係を持つ一組のオブジェクトとして定義することが可能である．システム手法は個々のオブジェクトを重視せず，中心をそれらの相互関係に据える．システムの中の相互関係を理解することは，構造的なつながりだけでなく，いかに機能的に関係しているかという考え方を必然的に要求する．したがって，プロセスはシステムを理解するための中心にある．システム手法の別の重要な観点は，境界のぼやけである．それは，それぞれのシステムが次のシステムにつながっているからである．多くの異なったタイプの地球表層システムは，地生態圏とそれを構成する圏の中で理解されるものであり，それらは多かれ少なかれ景観の中ですべて関係しあっている．したがって，システム手法は景観の固有な現象の説明から，いかにすべての地生態系が機能しているかといったダイナミクスの理解に至るまで，広い範囲で自然地理学を通じて適用される．その導入は，より統合化された自然地理学の復興を

告げるものとみなすことができる.

　自然地理学において最初に，そして最も影響を与えたシステム手法の応用の1つが，生物地理学者による生態系概念の導入であった．生態系は，生命体同士の相互作用と環境の関係を含めた一塊を包含している．用語の定義と概念の発展において，生態学者は緑色植物（生産者），動物（消費者），微生物（分解者）の間のエネルギーの流れと無機物循環に注目した．自然地理学の文脈において，たとえば地球の植生形成は，さまざまなエネルギー入力レベルを伴う地生態系の一部としてみることができる．それは異なるレベルの生産性を維持し，人間を含む多種多様な動物を維持することを可能にする．

　世界の主要3地生態系（熱帯雨林，夏緑樹林，北方常緑針葉樹林）における無機物循環の3区画システムモデルが，図7に単純に比較されている．バイオマス（ほとんどが植生），リター（ほとんどが落ち葉と枯れ枝），土壌で示される3区画（丸印で囲った部分）が，無機物（ミネラル）を貯蔵している．各々の円の大きさは，蓄えられているミネラルの量を表している．矢印は区画間のミネラル循環を表し，流出入も示している．各々の矢印の太さは毎年貯蔵する原料から移動するミネラルの割合を示している．熱帯雨林（A）ではほとんどのミネラルがバイオマス（主に樹木）の中に蓄えられている．このバイオマスのほんの少しの割合だけが，リター区画を形成するためにリターとして落ちる．これは相対的に小さな円になっており，林床の気温・湿度状況においてほとんどのリターが急速に分解される（太矢印）ためでもある．樹木の成長だけでなく，リターの分解と，基質や土壌ミネラルの化学的風化にとってもこの環境が最適なのである．土壌の貯蔵量は中位であるが，利用可能な養分は樹木の根（別の太矢印）によってすぐに吸収され，バイオマス中に貯められる傾向にある．熱帯雨林がいかに機能しているかを理

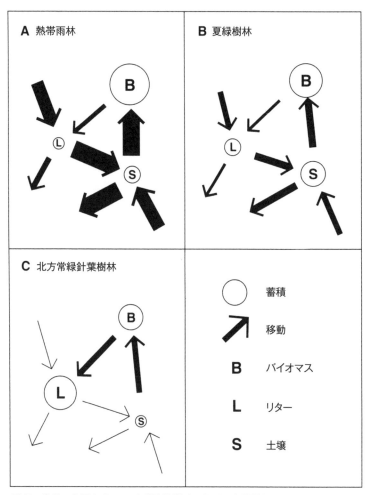

図7. 世界の主要な3つの森林地生態系における無機物循環.
(A) 熱帯雨林, (B) 夏緑樹林, (C) 北方常緑針葉樹林.

解することにより，システム手法は数年の耕作後の熱帯雨林土壌の地力低下も説明する．バイオマスを燃やすことによってミネラルを解放し，土壌が完全に養分を消費する前に農民が移動する焼畑農業は，この環境に生じる急速なミネラル循環に非常に適するとみなせる．図7には3つの森林型間の重要な地理的差異も強調されている．より高緯度の森林のバイオマスには，より少量のミネラルが貯蔵され，対照的にリター中により多くのミネラルが貯蔵される．リターは北方常緑針葉樹林（C）で最大となり，そこでは比較的小さな割合のミネラルが土壌に移動し，樹木に利用可能となる．これは特に寒冷な冬季にはことさらリターの分解が遅いためでもある．対照的に，夏緑樹林（B）の土壌区画が最も大きいのは，リターの分解と根によるミネラル吸収が共に中位であるためである．

自然地理学における初期のシステム手法の応用により，地球表面形態からプロセスへの重点の移行や，景観の長期的発達から，いかに短期間で平衡状態（不変的平衡）が維持されるのかといった方向への重点の移行が増した．しかしながら，間もなくして景観システムがこれより複雑で，めったに安定しないことがわかった．不安定性はシステムの内部ダイナミクスや自然・人為による攪乱によって生じるかもしれない．たとえば土壌の場合には，自然な溶脱過程が徐々に養分を消耗させ，植生の減少を導き，ゆえに土壌侵食をもたらす可能性がある．不適切な農業は同様の破壊的効果を持ち，一方，洪水やハリケーンのような極端な自然現象はより急速に土壌を流出させる可能性がある．景観システムは攪乱に対する感度と回復力が異なり，システムが比較的安定した状態から別の状態へ移行する以前に超えなければならない閾値も異なる．今日の自然地理学の最前線では，これらの概念が重要である．自然景観におけるすべての観点とは，地形や植生・土壌被覆，気候環境を観ることであるが，これらすべてが攪乱と変化を受けるものである．

長期的環境変化

　現在自然地理学者は，過去・現在・未来の環境変化の研究を大変重要なものであると考えている．20世紀の終わりにかけて環境変化というテーマが浮き彫りになってきたが，その種はそれ以前に蒔かれていた．19世紀前半のスイスのヘルベティック協会（Helvetic Society）のメンバーにそれは遡れるであろう．この学会長であったアガシー（Louis Agassiz）は，1840年に *Études sur les Glaciers* を出版したが，彼は初期の改宗者であると共に，これらの考えに対し，特別影響のある提唱者であった．彼らは，山岳氷河の前面に現れる多くの侵食および堆積物の特徴が，山岳山麓，北ドイツ平原，イギリス諸島といった現在の氷河から遠く離れた場所の景観に類似していると考えた．その痕跡には，氷河侵食力の印（摩耗によって磨かれた基盤から，深く掘りこまれたU字谷に及ぶ）や，氷河によって元の場所から遠く離れた場所に運ばれた迷子石，モレーン（氷河によって堆積した淘汰されていない高まり）が含まれた．この痕跡は，多くの景観が現在働いているプロセスによって説明できないという事実も示している．

　拡大した氷河と氷床が地球上を今日よりもはるかに大きな割合で一端覆い，そして地球環境は最近まで「氷期」による影響を受けてきたというのが初期の「氷河学者」の主要な結論であった．後になって，「氷期」という出来事が1度以上あり，その際，地球の年平均気温は少なくとも現在より10℃低温であったことが明らかになった．これらの「氷期」は「間氷期」によって分けられ，「間氷期」は現在の気候条件と大変よく類似していた．氷床が拡大，縮小したので海洋へ入る水の量が増減し，全球的に海水準が100 m以上変化した．すべての地生態系要素が顕著な影響を受け，それは氷河の影響を直接受けない熱帯，乾燥帯，温帯地域にも及んだ．これらの推論は，かつてノアの洪水によるものとされた地物に別の解釈を与

えた.それはまた第四紀環境変動の現代的理解における第1段階でもあり,そこで自然地理学者は重要な役割を担ったのである.第四紀は地球史の主要時代区分の中で最も新しい地質年代のことであり,今日を含み過去200万年以上続いている.

第四紀環境変動の理解における多くの進展のうち,特に2つのものが重要であると考えられる.はじめの1つは,セルビアの応用数学者であるミランコヴィッチ(Milutin Milankovitch)が1930年代に発展させた天文学的理論であり,氷期,間氷期に関する周期的な気候変化(氷期の脈動)をうまく説明するものであった(コラム②参照).

2つ目の進展は,海洋堆積物からの古環境の復元であった.海洋堆積物は同じ時間間隔で地球に影響を与えた実際の気候変化の連続的な記録を持つものである.環境変化についての情報は微生物遺骸中に含まれており,それは頻繁には大きな不連続がなく,後の侵食による影響をほとんど受けない海洋底で連続的に堆積してきた.しかしながら,深海からうまく堆積物コアを取り出す技術が開発される以前には,この情報源を得ることはできなかった.20世紀前半には,第四紀には4回しか氷期がなかった,というヨーロッパや他地域から得られた陸地起源の痕跡に基づく強い思い込みがあった.現在では,最終氷期の氷河拡大期の回数に比較しても,10倍以上の氷期が存在していたとされている.海洋中の痕跡は,最終的にはミランコヴィッチ理論を検証し,現在では,陸上から得られる短くて時に不連続な記録に対して,多かれ少なかれ完成した時間的枠組みを提供している.

これらの進展の結果は,他の多くの自然環境科学者と共に自然地理学者を,主要な気候イベントのパターンやタイミング,影響の復元へと引き込んでいった.陸地においては,はじめに花粉分析に基づく湿地からの植生変化復元があった.これは後に,より広範な

【コラム②】気候変化の天文学的理論

　「ミランコヴィッチ理論」として知られるこの数理理論は，第四紀における氷期・間氷期をつくり出した気候の規則的な長期変動を説明するものである．ミランコヴィッチ（Milutin Milankovitch）の生涯を通じて，この理論に対する異論が唱えられたが，その後十分に検証され，現在では広く受け入れられている．それは，太陽から地球までの距離の規則的な変動に応じて，地球表面が受け取る太陽放射量とその分配を予測するものである．これは，約2万1,000年の周期で変動する歳差運動，約4万1,000年の周期で変動する地軸の傾き，約10万年の周期を持つ公転軌道の離心率といういわゆる3つの軌道パラメーターに依存している．これらの軌道変動は，地軸の「ゆらぎ」と「傾き」，公転軌道の「伸縮」（楕円軌道が円から離れる範囲）を指標として，それぞれ予測することが可能である．3つの軌道パラメーターは，氷期・間氷期のパターンとタイミングの決定に結びついており，氷期は太陽放射受容量が最小であった時代に一致し，間氷期は氷期と氷期の間の時代に当たる．

　連続する氷期・間氷期に，ゆっくりと深海底に堆積した物質を取り出した海洋底コアデータを利用して，この天文理論に関する初めての疑う余地のない検証が行われた．具体的には，海洋と氷床における水の体積を反映する微小プランクトン化石の酸素同位対比が，統計的な手法により天文理論の予測と比較され，実によく一致することが確認された．その後，たとえばバルバドス島から得られたサンゴ礁シーケンス（氷床の拡大と縮小に伴う海水準変動を反映する）や，南極とグリーンランドから得られた氷床コア（大気特性の変化を反映する）などを使ってさらなる検証が行われた．

「自然アーカイブ」による情報で補間された．自然アーカイブの例としては，湖成堆積物，レス（風成堆積物），アイスコア，鍾乳石（沈殿した洞窟堆積物），樹木年輪，サンゴなどがあり，これらはあわせて地生態圏すべての要素の過去の変化に関するデータを提供し

ている.

　このようなアーカイブから得られる「代替」環境データの正確な年代と精密な測定に関する新しい技術の継続的発展に伴い,きわめて詳細な過去の環境変化の復元が可能となった.たとえば,グリーンランドや南極氷床の掘削で得られる氷床コアは,比較的短い時間スケールでの急激な環境変化の存在(数十年で10℃以上の気温変化)を示し,陸面-海洋-大気システム相互作用系の複雑性に光を当てたのだった.

　過去から現在に至る地生態圏に対する人為的影響の重要性が認識されるにつれ,最終氷期や現間氷期もしくは完新世(最近1万1,500年間)の短期的気候変化や,それらの影響に新たな重点が置かれるようになってきた.たとえば,図8に示されるように完新世の氷河変動には10年から1,000年スケールの気候変動が認められる.氷期後のネオグレーシャル・イベントは,南ノルウェーのヨートゥンハイメン山地の氷河下流の湖と河川近くの湿地にたまった堆積物の記録から復元された.氷河の拡大と縮小は,氷河侵食による細かな堆積物(特にシルト)の生産の変動を伴ったのである.これらの変動は,湿地を掘削したり,湖成堆積物コアを取得したりすることによって取り出される堆積物層の厚みや組成に順番に反映されている.有機物の放射炭素年代測定は,詳細な時間スケールを提供する.ネオグレーシャル・イベントは,氷河融解をうながす夏季の気温が低下することや,氷床の拡大をもたらす冬季の積雪が増加することに対する反応である.実際の氷河変動は,気候の年々変動を除去してしまうが,今日の気候とはかなり異なった気候が頻繁に生じていたことを示してきた.図8にいくつかの主要な記録が示されており,7,000年ほど前の「気候最適期(ヒプシサーマル)」と呼ばれる完新世中期(現在より2～3℃高い気温により特徴づけられる)には氷河がほとんどない期間が存在している.そして6,000年から

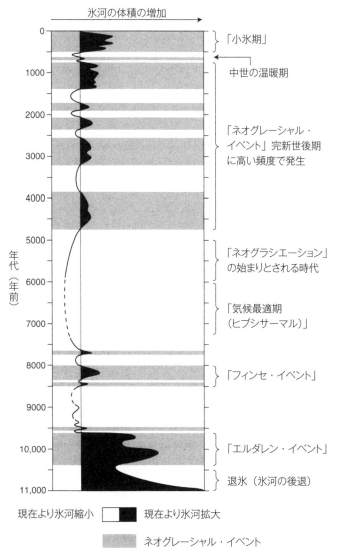

図 8. 湖および泥炭湿原の堆積記録により復元されたノルウェーのヨートゥンハイメンにおける完新世の氷河変動と気候変動.

5,000年ほど前に氷河の再拡大（慣習的にネオグラシエーション）があり，また最近500年間には「小氷期」（現在よりも1〜2℃低い気温により特徴づけられる）が存在している．

　長期的および短期的な古気候の記録は，少なくとも2つのより広い含意を持ち，自然地理学者が過去の環境を調査し続ける強い理由となっている．1つ目は，未来においても気候の似通った自然変動がほぼ確実に起こり続けるであろうということである．したがって，人為的地球温暖化が上乗せされた自然的背景を理解することが不可欠である．2つ目は，自然地理学の中核を成し，人類にとって最も重要な地生態圏の他の非常に多くの要素において，気候変動がそれらの変化の駆動力となっていることにある．

人為的影響――完新世から人新世へ

　20世紀が幕を閉じ，地生態圏，特にグローバルな気候に対する人為的影響が，科学と社会双方にとって重要度の高いものとなった．生物圏，土壌圏，水圏，地表圏における影響の強まりと変化の割合は，5,000年前頃の完新世中期から顕著となった．それ以来，新石器時代以降の増大する技術発展の継続は，意図的あるいは無意識の環境影響を伴いながら地球資源の開発の増大を可能にしてきた．森林伐採，土壌劣化，丘陵地の侵食は特に長い歴史を持ち，メソポタミアから中部アメリカに至る最も初期の文明はこれらのプロセスの主要な影響を経験した．たとえば，マーシュ（George Perkins Marsh）による1864年刊行の *Man and Nature: or Physical Geography as Modified by Human Action* に示されるように，自然地理学者は，数世紀前のこれらの影響の深刻さをよく理解していた．

　グローバルな気候に対して著しい人為的影響を与えてきたのは，化石燃料の大規模な燃焼を伴う産業革命以降だけである．二酸化炭素の放出により増大した温室効果の初めての定量的評価は，1896

年という早い時期に，スウェーデンの科学者であるアレニウス（Svante Arrhenius）によりなされた．しかし，そのような人為的温室効果ガスによる大気汚染が，自然の気候変動効果を上回ることが明らかになり始めたのは，21世紀に入ろうとする時期にしてようやくであった．地生態圏を通じて生じている人為的影響の全体的広がりや前例のない変化を認め，「人新世（Anthropocene）」という言葉が，地球史のごく最近200年ほどの期間に対してつくり出された（コラム③参照）．

したがって，顕在化した地球温暖化による未来の気候は，自然環境科学における研究課題に対して全面的に影響を与えるようになっただけでなく，日常的話題やますます強い政治課題となってきた．

【コラム③】人新世

「人新世」という用語は，2000年にクルッツェン（Paul J. Crutzen）とストーマー（Eugene Stoermer）によって提唱された．それは，地球上の地生態に対して支配的となった人為的影響に特徴づけられる新しい地質年代として定義され，完新世のうちの最近約200年を指している．人新世の間に，世界人口は60億人を超えるまで増加し，地球資源に対する人為的開発規模はかつてないほどである．地球上の土地の少なくとも50%は人間活動によって改変されてきた．利用できるすべての淡水の50%以上が現在人間によって使われている．哺乳類の約20%と鳥類の約10%，魚類の約5%は，人間活動の結果として現在，絶滅の危機にある．毎年肥料として土壌に加えられる人工的な窒素は，今や土壌中に天然に固定されている量を上回っている．化石燃料の燃焼と熱帯林火災により大気中に排出される二酸化硫黄は，現在，自然起源の量の倍となっている．大気中の二酸化炭素とメタンは重要な温室効果ガスであり，この200年間に二酸化炭素は約30%，メタンは約150%増加した．

そのため，自然地理学における環境変化の課題は再び活性化され，それ自身が変化してきている．相対的に長期の環境変化が，炭素排出に対する現代の取り組みにとって特に重要であるのは，陸面-海洋-大気システムの自然の炭素収支を理解するための実験場を提供するからである．完新世のより短期的な変化は，人新世の急速な変化が重なる現在の自然的背景となる変動性に対して見識を与えるものである．自然地理学にとって差し当たっての難問は，人為的影響を含む環境変化に関する正確な知識と科学的理解の向上に対していかに最大限貢献するかということである．そのことは，許容しうる炭素収支をどのように達成するかということだけでなく，地球表面につけられた他の多くの人類の「足跡」をどのように扱うかということについて，成すべき政治的決断への情報提供となる．したがって，人新世の環境変化については本章の終わりで再度触れ，本書の第4章「全体としての地理学」という文脈の中で何度も触れることになる．

今日の自然地理学

　自然地理学の主要な特徴は，その多様な主題にある．このことは，一方で専門性の成長を促し，他方で他分野へ目を向けることを自然地理学者に求めている．自然地理学の現代的枠組みに関する概略を図9に示す．この図の中で，その専門性は他の学問分野との関連によって補われている．気候学や地形学といった主要な専門分野は，別々の圏に対応し，1つの囲みにまとめられる．学際的なつながりは，たとえば，地質学者や生物学者，考古学者と自然地理学者が協働することを許容し，そして学際的ではないが人文地理学者との協働もここに含まれるかもしれない．図の中心における統合自然地理学は，地形や植生，土壌，気候といった個別の要素ではなく，

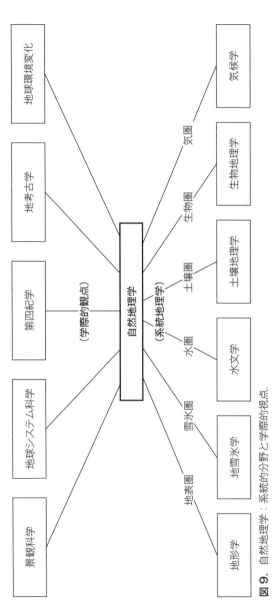

図 9. 自然地理学：系統的分野と学際的視点．

第2章 自然的側面——我々の自然環境

1つ以上の景観構成要素を持つすべての地生態系の研究を包含する．そして，そのスケールは多岐にわたるだろう．統合自然地理学の基礎となる景観単位の事例として，丘陵斜面，河川流域，湖水域，都市，山岳地域，地球全体があげられる．

【コラム④】自然地理学の専門分野

6つの主要な専門分野があり，各々が地生態圏の主要構成要素をカバーしている．すべての分野は地球表面の現在と過去に関する研究を行い，その将来の変化の可能性を自然および増大する人為的影響の中でとらえている．

地形学は地形とその形成プロセス，特に水，風，氷による風化・侵食・運搬作用を含む地表面プロセスに焦点を当てる．「大地形学（Mega-geomorphology）」は，山脈のような地球規模の地形を対象とする．

水文学は，陸面-大気-海洋システムにおける水，特に蒸発，降水，流出のような水循環過程とそれらの応用（洪水と干ばつに対するような）を研究し，地下水と雪氷圏における水の研究も対象とする．

気候学は，大気の平均状態だけでなく大気現象の範囲，頻度，原因も調査する．それは，地球-大気の間の物質やエネルギー交換，大気大循環と天候型を説明する地域的かつ局所的大気循環の研究を含んでいる．

生物地理学は，生命の分布，すなわち植物，動物，微生物，全生態系といった「生物界」をすべての観点から研究している．主要な関心は，熱帯雨林，サバンナ草原，ツンドラのような地表面の植生構成とそれらの生物多様性にある．

土壌地理学は時に生物地理学の一部としてみなされており，地球上の土壌被覆の変動に焦点を当てる．特に土壌発達と土壌劣化の違いに着目している．

雪氷地理学は，部分的には水文学・地形学と重複しており，氷河と氷床，永久凍土と季節凍土を含む地球上の雪氷と凍土に関する研究である．

学際的貢献

　自然地理学の広がりは，確立された同族の科学との多くの実際的かつ潜在的互恵のある相互作用の存在を意味している．これらのつながりのいくつかは，第四紀学や地考古学のように定着した学際的研究分野へと発展した．第四紀学において，自然地理学者は，地質学者，古気候学者，古生態学者や他の古環境復元をする学者とチームを組んで研究している．地考古学においては，人類の過去に焦点を当てる考古学者と共に行動する．この分野は環境考古学と密接に関係しており，考古学的な遺跡（発掘）現場（サイト）の解釈に関係する自然環境科学の取り組み方や方法，概念をもたらしている．自然地理学者の貢献は，侵食や堆積のような「自然的サイトの形成過程」や，サイトの建築や利用，変容のような「文化的サイトの形成過程」との相互作用を理解することにおいて特に明白である．

　また，自然地理学者は，持続可能性科学や地球システム科学のような，人間が環境に及ぼす影響とその将来の管理に関係するさまざまな新興の学際的科学にも貢献する．持続可能性科学は，資源の破壊的開発に直面している地球の生産的機能を維持強化する方法と意味に焦点を当てる．地球システム科学は，すべての個別プロセスとメカニズムを必ずしも理解することを必要とせず，全体の地球システムを理解することに重点を置く．自然地理学は空間的視点・全体論的伝統，人間系との関係を提供している．それによって，大きな科学的疑問やそれに関連した人類の今日直面する実際問題の解決に向けた重要な貢献をしている．

自然地理学はいかに有用か？

　自然地理学は，人々が環境の中で直面せざるを得ない多くの問題に関して，群を抜いて有用である．そのような問題はすべてのスケールで生じており，ここではいくつかの例をあげる（より多くの事

例を本書の後半であげている).たとえば,幹線道路の経路を計画するための地形図作成や地形の評価は,局所スケールでの専門的応用の好例となっている.これは,地形変化や地質の特徴を地図化する作業を伴うもので,排水状況や斜面安定性の評価を含んでいる.適切な勾配で安定したルートであることがその際に確認され,必要に応じて状況を改善し,危険度を減らす工事を建設前に行うことができる.周氷河地域の道路の下にある永久凍土層の融解や,乾燥地におけるコンクリートの塩類風化のような,さらなる特殊な問題は特定の環境と関係している.

　別の例は,気候変化にきわめて影響されやすい境界環境に関連したものである.アフリカのサヘル地域では,地球温暖化の強まりによる,干ばつの頻度や深刻さの増加はわずかであるが,より多くの水が利用できる地域における同様の効果よりも,はるかに大きな災害を引き起こす可能性がある.人為的影響が(砂漠化の)中心的要因ではあるけれども,砂漠化の主要な問題はそのような変化に強く関係している.同様に,数十年後に生じる可能性がある 50 cm 程度の海面上昇は,低標高の海岸域(たとえばデルタやサンゴ島)への影響が大きく,特に発展途上国においては,人々がそのような自然災害に適応することができなくなる.自然地理学の幅広さが,さまざまな形での有用性を担保しているが,おそらくその有用性は,自然地理学者が自らの知識や理解,技術を他の科学者や人文地理学者と協同して用いたときにこそ最大のものとなるだろう.

自然地理学の役割

　それゆえ,3 つの基本的役割を担うものとして自然地理学を理解することが可能である.1 つ目の役割は,景観構成要素それぞれに関する知識と理解を得るために,独特の空間的視点を提供することにある.この役割は,明らかに専門性の駆動力となる.2 つ目は,

他の科学よりも景観に注目したより伝統的なアプローチに依拠しており，これらの要素間の相互連関を探索することにある．これは，おそらく独立的なものとしての自然地理学の中心的役割である．3つ目は，中心概念としての自然環境と人間の間の接合部分を持ち，全体としての地理学の一部分として役割を強化することにある．

フンボルトにまで遡る長い伝統があるにもかかわらず，統合自然地理学はこれらの役割に関して現在最も発展していない．それにもかかわらず，統合自然地理学はさまざまな専門性を接合する可能性を持ち，学際的科学や人文地理学とのより一層のつながりを発展させるための土台となるものである．この議論の流れは，統合自然地理学が新しい自然地理学を設立するための中心になり得ることを示唆し，次のように定義されるであろう．

> それは，(a) 環境という生物地球化学的要素の分布を同定・記述・解析し，(b) 気圏・生物圏・地表圏・社会の接合部でのすべての時空間スケールにおける環境システムを解釈し，(c) 人間活動を含む攪乱に応じた環境システムの復元力を究明する，地理学の分野なのである．
>
> O. Slaymaker and T. Spencer, *Physical Geography and Global Environmental Change* (1998)

第3章

人文的側面 ── 場所の中の人間

　人文地理学は，研究方法とその内容における一連の変化を経て，今ではきわめて多様なものとなった．これらの特性により活動の中心や定義という難題が生まれているが，豊富な話題や革新，主題もまた提供されている．人文地理学の研究は，かつて明快で確かな意味を持っていた．それは特に，どのように人間が地球表面を占有するのかということに関心があった．つまり，居住様式の表出，人文景観の発達，人口移動の発生，明白な規則性である．なぜ都市が特定の場所に位置するのか，なぜ世界のある場所において高い人口集中があり，他ではないのかというような問題に説明を求められたとき，答えをふつう第一に自然環境に求め，第二に歴史に求めたのである．これらは初期には目的にかなっていたが，人文地理学への制約となり，優れた理論の相対的不足をまねいた．主題と問いは正当なものであったのに対して，説明の根拠は決して完全なものではなく，現在，人文地理学者の中心的関心事となっている巨大な領域を考慮に入れていなかったのである．

変化する取り組み──揺らぐ伝統的船

　初期のグランド・セオリーの1つである環境決定論は，人間活動を証明する際に，自然環境を強調する良い例であった．人間活動は，自然環境から生じたと仮定された．たとえば，暑い気候下で生活する人々は怠惰ででたらめな傾向があり，暴力犯罪はアメリカ合

衆国の「暴力的な南部」のようなより暑い国々で多いことが示された．その理論は決して長所を失わなかったが，多くの袋小路と立証できない説明をたしかに生み出した．地誌学もしくは地球表面の特定の領域に関する研究は，初期には同様にかなり独創性に乏しい道筋をたどったが，歴史と文化により多くの注意を払いながら，時には人間活動の正確な理解についてより確実な発展を遂げた．人文地理学における因果関係の理解に対するこれらの初期的試みの思考様式とその相対的寿命は，1950年に出版されたイギリスの地理学者クラーク（K. G. T. Clark）の論文の中で明らかにされている．彼は，問題となる人文現象の理解のために，自然地理学が必要な基礎だとする広範な仮定により，人文地理学が非常に限られた進展をしてきたと主張した．そのとき以降，変化のペースは著しくなってきた．

　これらの変化にはいくつか明確な特徴が存在する．まず，主要もしくは重要な解釈の根拠として自然環境を考慮する態度から大きく距離を取ったという点．また，客観的現実というものに研究の主要な焦点としての資格があるのかと抜本的に考えた，つまり，さまざまな人々がさまざまな仕方で世界を受け止め，経験するという事実を強く認識した点．さらに，人文地理学の伝統的境界のまったく外側に，理論と発想の源泉を求めたという点もあげられよう．その結果，人文地理学はますます折衷主義的になったが，「野蛮な仕方で独自性を求めている」や「脱構築・再構成主義の熱病にうかされている」など，つまり「何でもあり」という批判には弱くなった．

　そのような変化は多くの学問分野も経験していることだが，人文地理学では時に極端になったこともあるようだ．これらの変化はしばしばパラダイム・シフトと呼ばれ，そこではある有力で影響力のある考え方が他のものにとってかわる（図10）．まれに古いパラダイムはまったく消えてしまうが，いくつかの新しく改善された形で

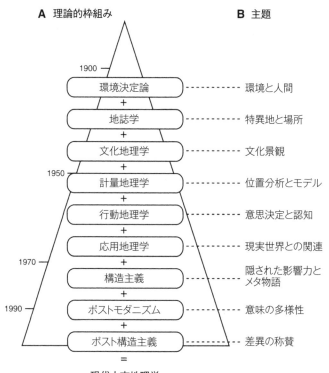

図 10. 人文地理学の理論的枠組み．
(A) 現在の人文地理学に伝統を残す一連の歴史的・理論的枠組み．(B) 重要な主題．それぞれの理論的枠組みが受け入れられたおよその時間スケールと拡大する人文地理学の基盤を示す．

見た目を変えながら受け継ぐことが可能なものとして残っていく．上述したように，人文地理学における原因と結果の初期の表現は，人間と居住地をそれらが占有する自然環境に関連づける必要性に強く影響を受けた．どのような形式の説明も，次のような言葉で表された．山岳地域は分散的な居住地の形態を生み出し，平野は核の形成を促進させる．砂漠地域は遊牧民経済へとつながり，一方，肥沃

第 3 章 人 文 的 側 面——場所の中の人間　53

な低地は高い人口密度と大集団をつくり出す．この種の一般化には確かな洞察を提示したものもあったが，例外も多かった．人文地理学者達がこの矛盾に気づくようになったとき，彼らは解釈をより歴史的で文化的な根拠に求めた．

　地域研究で進展したより広い考え方は，人間が景観を変えうると評価した．つまり，文化的伝統はゆっくりと時間をかけて持続し，強固となりえるし，また環境の摂理に逆らい，時に優先するという人文条件も存在した．言い換えれば，景観は自然の造形物であるばかりではなく，人間の記録でもあった．この初期の人文地理学の多くは，**地域主義**と場所の研究に関連するものだった．アメリカの先駆的な地理学者ハーツホーン（Richard Hartshorne）により1939年に出版された『地理学の本質（*Nature of Geography*）』には，地域分化，地球表面の地区や地域，それらの原因として関係する差異の研究が，地理学者のなすべきことの重要な特性であるとして提案された．固有の地域をつくり出す特定の因子の結合に重点を置くことによる地理学の理解は，20世紀半ばを通じてきわめて支配的であった．

　このパラダイムは1960年代に厳しい批判にさらされたが，その変化の必要性を唱えた主要な賛同者の中に都市地理学者がいた．町や都市に関する地理の研究で確立された方法は，主に記述的で，優れた測定技術が不足し，有効な理論をつくり出さなかったことで批判を浴びた．提唱された改善策は，科学的研究法を地理的現象に適用した空間科学であった．

空間科学の盛衰

　空間科学の新しいパラダイムが人文地理学の中に移入されるようなったとき，それはいくつかの個別の特徴を持った（コラム⑤参照）．この新しいパラダイムは，「モデル時代」を導いた．ドイツの

【コラム⑤】空間分析と計量革命

このアプローチは1950年代から発展し，人文地理学（および全体としての地理学）をより科学的なものにするために考案された．その取り組みは，地誌学において統合されるような地球表面の固有の特徴から離れ，立証されうる一般性を探究する科学としての根本原理に従う必要性を強調した．これらの原理が空間分析に持ち込まれたとき，以下のようないくつかの重要な特徴があった．

- パターンと形状もしくはその空間幾何への関心．
- 代表的なサンプルの利用．
- 計測，数値的手法と統計学の利用．
- 検証可能な仮説およびモデルと理論の発展．
- 予測力を持ったモデルとアルゴリズムの探求．たとえば，特定されるべき最適立地や解析されるべき時間的空間変化．

地主や不動産経済学者によって発展させられた1826年のチューネン（Johann Heinrich von Thünen）の土地利用圏や，1930年代のドイツ人地理学者クリスタラー（Walther Christaller）の中心地理論のように，長期間にわたって現存する見解が目立つようになった．双方とも，土地利用と居住地が「模式的」に均一な地表面上で発達することに関心があった．チューネンにとっての農業的土地利用の手がかりは，農場所有地により近い土地ではより集約的に耕作されて園芸作物のようなものが生産され，一方，より遠くの土地は牧畜のために粗放的に利用されるという事実にあった．農場からの距離は経費であり，土地利用の経済的側面は，この方法でうまく説明することができた．

クリスタラーは，市場における商品消費者が，特定の日用品を提供する最近隣中心地に移動するという距離の制約に反応するものだ

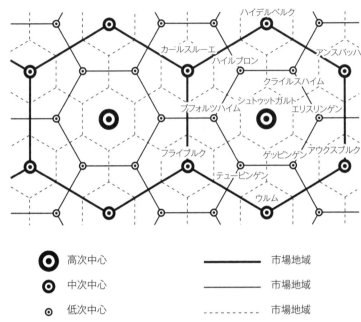

◉	高次中心	——— 市場地域
◉	中次中心	——— 市場地域
◉	低次中心	------- 市場地域

図11．クリスタラーの中心地モデル．
階層的六角形パターンの繰り返しにより特徴づけられる．右側に，南部ドイツの実際の居住地がモデルに投影されている．

と主張した．クリスタラーの最近隣中心地仮説は，人間行動を描写し説明する単純で機械的な方法であった．この仮説によると，市場の特定パターンが均一な面で発達する．図11は六角形構造を持つ中心地と入れ子状市場の階層システムを示す古典的クリスタラー・モデルを示している．ここでは，中心地と市場のちょうど3階層が示されており，シュトゥットガルトを高次中心地として利用し，南部ドイツに適合するような試みがされている．このモデルの本質は，全方向からの等しい近接性を持つ均一な面（しばしばビリヤード台と言及されるが）を前提とする．したがって，距離は市場の位置と市場圏の定義，消費者行動のパターンを解釈する主要因となっ

た．たとえば，同じランクの町は同じ距離だけ離れ，市場圏は同じ大きさであり，消費者は最近隣中心地を利用することによる距離に反応するであろう．モデルのような条件は存在しないので，例として示したように，現実世界にモデルを近づけようとする試みは近似にしかならない．

　モデルはますます洗練され，地理的分布とプロセスを測定する多くの試みがなされた．また，統計と定量的方法のトレーニングが，地理学学徒にとって**必須条件**（*sine qua non*）になった．これは，従来の手法を隅へと追いやる，強く活気に満ちた新しいパラダイムであった．多くの方法，たとえば，センサスデータからの膨大な情報を処理する都市研究に応用される多変量解析や，成長の投影パターンを分析する経済地理学の予測モデル，さらには人口移動・イノベーションの拡大・疾病のような分野における多くの拡散シミュレーション研究などがあり，これは時空間で生じる流れの最適な推定を可能とする．特に小地域統計センサスや他の公的統計センサスにより提供され，社会調査で補われる統計的データソースが注目されるようになった．

　しかしながら，1970年代後半までに，このパラダイムの価値に疑いが生じてきた．方法ははるかに洗練されてきたが，その結果はまだ記述的であり，多くのモデルが存在するものの，根拠が十分な理論はそれほど多くなかった．空間幾何を強調する空間分析は，人間の意思決定を単純化しすぎた仮定に基づく理論を生み出した．それは，合理的で完全な知識を持ち，機会を最大限に活用し，コストを最小化する「経済人」という概念を採用した．たとえば，経済人は最近隣の利用可能なところからサービスを得るであろうし，居住地を変えるときにはすべての選択肢を評価し，すべての必要条件に見あう仕事場を見つけるのだ．人文地理学者は，現実の人間行動からかけ離れたこれらの仮定に疑問を抱き始めた．実際に，人間は完

全というにはずっと少ない情報や,おそらく感情的な価値に影響されながら,最適とはいえない形でしばしば行動する.

変化の影響は世界各地でさまざまであったが,この観点から空間分析は優位性を失い,追放という別のプロセスの準備が整った. 1970年代初頭までには,新たな視点が人文地理学研究に浸透し始めた.人文主義的,文化的アプローチは,特に,空間分析の持つ科学的視点を放棄し,測定や一般化重視から脱却した.新たな焦点は,質的意味と価値であり,人間行動の多様性に対してであった.中心地理論の不適切さを示す証拠が存在し,たとえば,多くの消費者がその規則性を無視し,さまざまな目的で買い物をすることが示された.洗練した空間分析モデルは,人々の実生活や特定の場所への愛着との関係をほとんど持たなかった.つまり,人間行動の多様性を主張するときであった.多くの人にとって,これは歓迎されるべき肯定的な転換だったが,経済学のような多くの他の学問が定量的空間データ分析の重要性を理解してきたので,地理学はそこから逃げたのだと主張する者も多くあった.

初期の反応——人文主義的・構造的アプローチ

空間分析からの離脱には,初めに2つの主要な点があった.人文主義地理学は人間の中心性を主張し,空間の幾何学的な意味よりもむしろ場所の意味に注視した.その「イメージ」は,地理学の語彙に認知空間,メンタルマップ,「非合理的」行動といった考えをつけ加えた.異なる人々が異なる方法で場所を認知するということは明白である.たとえば「wilderness」の意味に関する研究がある.一方の極として,これを人がまったくいない遠く離れた地域としての未開地として定義する人がいるし,もう一方の極として,よく利用される田舎の公園がちょうど当てはまると考える人もいる.また,移動手段に制約を持つ高齢者が描く近隣のメンタルマップは,

若い人たちとは非常に異なっている．多くの人々は最も近いショッピングセンターを利用するだろうが，中には個人的な移動手段を持ち，異なる場所を好む人もいて，彼らはより遠くの場所に出かける用意をするだろう．地理学者は，景観と場所に対する洞察のために，芸術作品とフィクション作品のような新しい情報源に目を向けた．時と共に変化する景観と造園の性質を調べるために利用される個性的な画家と特別な作品に関する研究がある．たとえばハーディ（Thomas Hardy）の作品や『怒りの葡萄（*The Grapes of Wrath*）』などの多くの小説のようなフィクション作品は現代社会に光を当てる情報源として利用された．この「主観的な」反応は新しい文化地

【コラム⑥】空間分析への初期反応

1970年代までに進展していた空間分析に対する一般的な見解は，空間分析というものが人文地理学に確かな科学的方法を与えたものの，依然として大部分は記述的なままであり，優れた理論を発展させることに欠けるというものであった．その基礎を置く多くの仮説は非現実的なものであり，現実世界に実際に存在する多様性や複雑性に対して，ほとんどもしくはまったく関係のないものであった．

人文主義地理学は人間の重要性を再び主張し，「生気のない起業家」のような状況から人間を引き上げようとつとめた．そのため，主観的価値と人々のふるまいに影響を及ぼす定性的な意味に関する新しい焦点を導入した．そして，環境や経験により形づくられたメンタルマップとして人々が持っている地理的空間のイメージや認識の重要性を提唱した．

構造主義は，異なる種類の社会の背景にある権利の拡大と支配に関する隠された構造の中に，解釈の根源があることを示唆した．マルクス主義は，資本主義社会の市場に対する貧富の分配に関連づけた構造理論の1つであった．都市や他の低開発地にある貧困地域のような空間的な産物が，これらの用語の中で理解されうる．

理学へと成長し，そのことがさらなる動機へと成熟した．

　次に，構造主義と呼ばれる空間分析に対する第二の反応を確認しよう（コラム⑥参照）．一般的にいえば，構造主義というものは人間行動とその社会的産物の両方を説明するグランド・セオリーを提示した．中心的考えは，生活様式の種類を決め，条件づける社会内部の強い力が存在するという考えである．資本主義はそのような強力な条件づけを行う力となり，その影響により増大する貧富の格差と都市内および社会の中の生活の質という問題が生じることが議論された．イギリスの地理学者ハーヴェイ（David Harvey）は，アメリカで研究を行った有名なマルクス主義学者であるが，洗練された理論的・方法論的空間分析のフレームワークと，ある出来事の周りで進展するような事象について本当に意味のあることを語る地理学者の能力との間には明らかな差があると主張した．言い換えると，地理学者はこれらの主要な構造的な力の重要性を把握していなかったし，より深いプロセスの表層的部分を扱っているにすぎなかった．構造主義者は，人間活動に強制的で決定論的でさえある影響を与える隠れた構造という概念とマルクス主義理論に傾倒した．ハーヴェイはこの観点からの研究を通じて，その理論は地理学に提供する大きなものを持っているが，場所と空間という基本的な概念を含めるために修正し再考されなければならないと主張した．たとえば，構造主義は，富める者と貧しい者の間の社会内の区分を説明するために利用できる．しかし，都心のような特定の地域における貧しいものの集中は，それらの地域に対して区分を行った投資家たちの産物であった．赤い線が引かれた区域では，ある空間的な評価背景を持つ投資決定のために，抵当資金が不足した．より広いスケールにおいて，富と開発の地域格差は企業ビジネスの市場決定によって説明することができた．

　マルクス主義に対する関心は，大きくはおそらくその歴史的な根

【コラム⑦】グランド・セオリーに対する反応

　ポストモダニズムは，おそらく芸術と建築様式の1つとして最もよく知られており，特にその形の多様性と画一性の欠如によって特徴づけられる．パリのレ・アールやラ・デファンスの一部にあるようなきわめて壮観な建物のいくつかがこれに分類される．ポストモダニズムは，より広義には，グランド・セオリーあるいは「メタ物語」に対抗する運動を意味し，また，差異と多極性を強調する主張でもある．人文地理学に最も影響を及ぼしたのはこの側面である．

　ポスト構造主義は，「French connection」もしくは，強い影響を持ち続けたフランスの批判的理論家に依拠するものである．この理論家たちは1970年代初頭から人文地理学に対して重要な影響を及ぼしてきた．また，グランド・セオリーに対するある種の強い反対はあるものの，主要な興味は言語，象徴，テクストの解釈にある．これは，情勢とその表現方法との間の関係性に関する疑問として述べられてきた．

　言説分析という手法があり，それはテクストやそれを解釈するために使われる方法の背後に隠された動機を明らかにするものである．その探索は，特定の問題に対する解答のためのものではなく，むしろその特定の問題の根底にある状況の理解やそれが基礎を置く仮定に対するものである．言説分析は，しばしばポストモダニズムの産物であるとされる．それはポストモダニズムが，一般的な信頼体系の概念を拒否し，世界は本質的に分断されており不均質であるという見方を持っているためである．

拠のため，また「社会主義国家」の終焉のため弱まった．構造（より深い力）と営為（個々の意思決定者）の間の議論において，営為の多様性が構造の主導権を超えて支持を得ることになった．その議論を通じて，人文地理学の扉はこれまでより広く開かれたのだった．つまり社会的理論と後の「決定的理論」がより広く受け入れられたのだった．ポスト構造主義とポストモダニズムが構造主義的な

議論を継承したとき，他の理論家が影響力の強い勢力となった（コラム⑦参照）．社会理論家のアルチュセール（Louis Althusser）や，文化的批評家のバルト（Roland Barthes）や，言語哲学者のデリダ（Jacques Derrida），そして歴史家のフーコー（Michel Foucault）など多くのフランス知識人による影響の大きな拡大があった．彼らが生み出した理論はメタ物語やグランド・セオリーを退け，言語とテクストの差異と複数の意味に注視した．

派生的な考えと理論，人文地理学の主流の外にある文献に目を向けるというこの様式は新しいことではなかった．都市構造と成長に関して影響力のあるシカゴモデルを導入したパーク（Robert Park）とバージェス（Emest Burgess）は社会生態学者であった．また都市のイメージに関する初期の研究を行ったリンチ（Kevin Lynch）は建築家であった．しかし，その新しい潮流は実証研究のためというよりむしろ，考え方や再解釈，理論のためのものであった．

現代の人文地理学

現代の人文地理学は，このようなパラダイムの転換と優先度の変化の中で展開してきた．それは，人間，居住地，環境の関係という単純で直接的な分析から，はるかにより多様で複雑な関係の研究へと移行してきた．空間，場所，環境という脈絡は，少なくとも多くの研究の流れの中にまだ存在していると主張できるが，その性質は今やかなり異なっている．ポストモダン状況における空間に関するある研究の前書きは，最近の変化をとらえる定義を提供している．

> 人文地理学は，日常生活の構造と行動を可能とし，もしくは制限する空間パターンとプロセスの説明に関心のある社会的理論の一部である．人文地理学は，時空間を通じての複雑な社会文化的，経済的，政治的プロセスの働き方を説明するものである．

M. J. Dear and S. Flusty, *Spaces of Postmodernity*（2002）

　この定義は，人間・居住地・環境に関するかつての考えからはかけ離れたものとなっているが，その代償として，立場が散在，また多様化してしまい，共通の努力の軸はわかりにくくなっている．人間存在の不均質性や，人口内部の差異と多様性，人文地理学の多極性を強調するようなポストモダン的手法が現れている．多くの人文地理学者が少なくともしばらくの間忘れ去ってしまったと思われるものの中には，実証的研究の強固な経験的伝統や科学的根拠，地域研究，そして人間と自然環境の相互作用の分析などがある．カナダの地理学者シェパード（Eric Sheppard）は，定量化・空間パターン・経験主義的科学・一般理論という構成要素を持つ空間分析と，政治経済学・定性的理論化という組み合わせを持つ新しい社会的理論とに分岐したことについて述べている．

　この主張と反論の応酬を背景にして，数多くの特色ある要素や和解のための道筋を，我々は見出すことができるのだろうか？　要点のみだが言えることがなくはない．人文地理学は今や，互いに対立する諸手法と諸思想のゆるやかな連合であると言って差し支えないだろう．人間・環境論や地図製作の伝統のような取り組みには，この学問の最も初期へと回帰し，共鳴し続けているものもある．空間分析と構造主義のような他の取り組みは，この学問の方向性と方法論をつくり直すことに大きな影響を及ぼし，現在も議論はあるものの，存在感と強い伝統を維持している．

　このようなパラダイム転換の中で，いわゆる系統地理学（または形容詞付きの地理学）の多くは持続し，隆盛を極めている．人文地理学は，学部カリキュラムを配し，共有する研究の関心で大学教員をまとめるために，歴史地理学，都市地理学，経済地理学，政治地

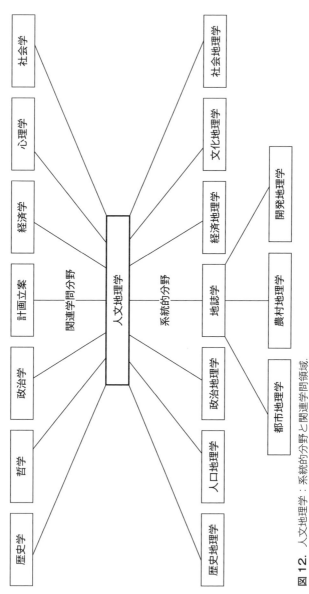

図 12. 人文地理学：系統的分野と関連学問領域．

【コラム⑧】文化地理学

 伝統的な文化地理学は，人間，居住地，自然環境の関係の中に強く組み込まれていた．すなわち，よく使われた「文化生態学」という用語はこの相互関係を意味した．文化そのものは定義するのが難しい用語であるが，物質的な表出（建造物や人工物）と非物質的な表出（言語や宗教，習慣）の両方を伴う生活様式として主にまとめられる．共通の文化的特性によって特徴づけられる領域を明らかにするために，文化地理学は文化領域や文化圏のような概念を発達させた．

 新しい文化地理学は文化の表出から離れて，人工物と活動の背景にある意味や価値により強い焦点を置くようになっている．文化地理学者は言語理論や，表象と象徴の研究へとより引きこまれてきた．芸術，建築，フィクション作品，映画，音楽を含むすべての表現形態は，意味と洞察を引き出すために使われうるという点において意義がある．アメリカの地理学者ミッチェル（Don Mitchell）は，実際の場所とそれに意味を与える社会構造に基づく，一般的なプロセスと特別な社会的関係の交わり方に新しい文化地理学の焦点があると結論づけた．

 非表象理論は，パフォーマンスと体現化された知識を強調する新しい取り組みである．すなわち，実践に基づく文化の解釈へと向かっている．新しい文化地理学の焦点は，文化的プロセスの結果に向かうのではなく，それらの結果を導くパフォーマンスと演技にある．

理学，人口地理学のような系統的テーマで組織化されるようになった．こうした類いの分野はよく維持されている．しかし，(1) さらに専門的な分野に細分化されることになるか，(2) 系統地理学の狭間や共通部分で研究を行う新しいグループを形成するか，という傾向がある（図12）．

 たとえばポストモダニズムと批判理論のようなごく最近の革新は，学問領域を現在特徴づける多様性を生み出した．この革新は活発な知的議論をもたらしたが，一方で，人文地理学や異なる取り組

みの伝統に少しも興味を示さなかった．

「文化論的転回」

いわゆる「文化論的転回」は，1980年代以降の人文地理学における動向の良い見本である．それは，特にイギリスと他の英語圏での変化にとって大きな力となった．「文化論的転回」という用語は，文化地理学研究の手法における根本的な転換を述べるために用いられてきた（コラム⑧参照）．しかしながら，「文化論的転回」は経済地理学や政治地理学のような多くの人文地理学分野に影響を与え，文化的・歴史的特異性という広い考えに向けた研究目的をとったので，限定的な影響とはならなかった．文化論的転回の本質は，幅広く人文地理学を専門とする人々がある同じ鋳型の中でつくり直されなければならないということを示唆していることである．これは決して一般的に認められた立場ではない．アメリカ合衆国を含む多くの地域においての文化論的転回は，イギリスよりも影響が抑えられていた．それにもかかわらず，あるものはそれを「文化戦争」と述べてきた．つまり文化地理学は平穏な土地ではないのである．

何からの転回か？

文化地理学は，地理学において確立された存在感を持っている．歴史的に，文化地理学は客観性，人工物の研究，景観における人々の表象に基づいていた．

図13はウェールズ地方の景観を表している．そこから，人間の居住地の発達に関する鍵となる特徴を「読み取る」ことができる．この中には，閉鎖的な土地の中に散在する農場を持った散村形態がみえる．野外に家畜がいることから明らかなように，そこは牧畜に適している．手前にある学校と教会といった重要なサービス機能

図 13. ウェールズ中部の山村景観.

は,利用する人々から離れているが,交流する場所として働いている.この写真では雪に薄く覆われている標高の高い牧草地は,夏期に家畜を移動する牧草地として利用されるだろう.ウェールズ地方の田舎の伝統には,ホームファームであるヘンドレ (hendre) と,夏期にだけ移牧する土地であるハヴォッド (hafod) が存在する.このすべて,そしてそれ以上のことを景観の中に読み取ることができる.

20世紀初頭以降に,先駆的な文化地理学者サウアー (Carl Sauer) と彼の主導する「バークレー学派」は,文化地理学とそれに関連する文化生態学全体を発展させた.その発展は,文化的グループとそれらの環境との関係の間にある差異の証拠を示すものだった.サウアーの一般的な命題は,これらの主張および景観と建造物の詳細研究に基づくものであった.景観と建造物とはたとえばアメリカ中西部のたばこ納屋と,モルモン文化圏の「印」となるもの,すなわち教会,広い大通りと特徴的な干し草の山のようなものである.文化はよく生活様式として定義されるが,パリンプセストとしての景観は,この生活様式がみられ,その伝統が時間と共に歩んできたことを映す鏡であった.サウアーと彼の仲間たちは「文化の内部的働き」よりもむしろ,世界に作用するような文化の産物に関心を持っていた.

新しい文化地理学の鍵となる特徴

20世紀後半の新しい文化地理学は,正確にいえば文化の内部の働きに関心を持った.それは,伝統的な文化地理学が無視することにしてきたまさにその構成要素であった.新しい文化地理学者は,目に見える物質的な客観的現実のような文化の発想から距離を置こうとした.文化地理学者は,プロセスとしての文化というものを信じた.そのプロセスは,社会的につくられ,人間によって積極的に

維持され，人間生活と意味という領域との契約に従順である．新しい文化地理学は，人工物や行動様式のパターンではなく，これらの物とその活動の下にある意味に関心があった．それは，人間が物質的世界のありふれた現象を，意味と価値をつけた表象世界に変える媒体として説明される．すべてはイギリスの社会評論家ウィリアムズ（Raymond Williams）の影響を受けている．彼は，文化というものを，社会的な秩序が伝達・再生産・経験・探求されること（他の方法もあるが）を通じて意味づけるシステムとして述べている．それゆえ文化は，複合的な解釈が可能なテクストを持った意味づけのシステム群とみなしうる．このように，文化地理学の主題は，タバコ納屋や農具のような物や道具から，シンボル，ジェスチャー，言葉，芸術表現（芸術，フィクション文学，ダンスのような）を含むすべての表現形式へと変化した．つまり，それは意味を**創造する**イメージなのである．

　文化地理学のこの短いレビューから何を学ぶことができるのか？新しい文化地理学は，人文地理学のより幅広い専門分野を豊かなものにした．明確な特徴は，すべての側面の文化地理学的手法を探求することにあった．しかし，従来の文化地理学は置き換えられなかったし，2つの方法論は並行して歩み，互いの相対的な独立の中でしばしば共存してきた．新しい文化地理学者が，知的刺激を引き出す元となる社会哲学は，以前の方法論と関連がほとんどないばかりか，今日実践されている自然地理学ともほとんど関連がない．

　イギリスの地理学者カストリー（Noel Castree）は，広く持たれているこの変化への心配を次のように述べている．「10年強の間に，人文地理学の堅実な解釈と倫理は虚空に溶け，ただただ大量の代替哲学・代替理論・代替技術によって置き換えられてしまった」．

　新しい文化地理学が，人文地理学全体に変革と再定義の力として広がるという主張は言い過ぎだろう．新しい文化地理学者が，誤っ

た仮説に陥っているとも論じうる．それは，社会的構築物が実際よりも，より本質と因果的影響を持っているとする誤りである．結局，文化論的転回は，新たな主題領域，分類，見るべき世界のためのレンズを導入した．人種主義，フェミニズム，セクシュアリティのような問題は，人文地理学に新たな足場を得てきた．このことは，疑いようもなく好転的な影響の1つである．

新たな問題の導入——他者の再定義

　人文地理学研究の重要な分野としての人種主義，フェミニズム，セクシュアリティといった問題の出現は，新しい文化地理学においてかなり強く促進された，場所や活動の根底に拡がる意味や価値への重要性と関連している．加えて，それらの出現は，人文地理学が孤立して動いていたのではなく，類似した傾向が特に社会科学のような学問分野で広く経験されてきたことを思い出させるものである．我々は「出現」という用語を使用するが，この言葉はいくつかの点で誤解を招いている．たとえば，社会地理学者は，エスニック・セグリゲーション（民族的住み分け）とその変化過程について既存の研究分野を持っている．同様に，先行する新しい文化的手法を切望する都市高齢者研究がある．アメリカの都市における高齢者の分析は，彼らを「空間の囚人」として描いている．というのも彼らに認められた生活空間は，家やごく近隣，遠い過去に記憶された場所に限られているからである．

ジェンダーとセクシュアリティ

　フェミニズム運動は，20世紀の最後の四半世紀に特に強かった．それに関連する問題には，主に特定階層・特定民族の男性によってつくられた空間と場所における女性の役割をめぐるものがあっ

た．たとえば，女性によって広く利用される中心都市小売地域のデザインや計画の多くには，女性の意見は反映されていない．広場，公園，森は，男性によって，主なレクリエーション地域やレジャー地域とみなされたが，女性にとっては特に暗い時間において，避けるべき場所，もしくは慎重に利用すべき危険な場所である．この脆弱性という観点は年配者，障がい者，子ども達のような他のグループにまで広げることができる．

　同様に，異性愛の規範は空間の組織化に適用される傾向があるのは明らかであり，同性愛者にとっては克服されなければならないデザインとアクセスの難しさがある．同性愛者同士の抱擁という単純な愛情交換が，多くの異性愛社会において法律的に寛容に扱われないということが示されてきた．公共空間ではそれ自体受け入れられるものが決まっており，あからさまな同性愛者のふるまいは差別と虐待へつながる．1つの対応としては同性愛者の空間をつくることであるし，もう1つの対応はセクシュアリティについての意見を表明するパレードのような活動に参加することだろう．アメリカの女子プロバスケットボールリーグで使われるような空間は，実際に主要な役割が女性スポーツのためにあるとき，「レズビアン」スペースとしてしばしば認識される．もっともレズビアンのつながりは部分的なものなのだが．

　言い換えると，人文地理学者によって同一の方法でしばしば扱われた空間と場所は，異なるタイプの人々にとって異なる意味を持っていた．これらの社会的世界には，理解される必要がある感情と価値に幅がある．この種の考えに対する気づきは，新しい文化地理学が人文地理学に広範に浸透していく1つの手段となった．

エスニシティと人種

　人文地理学には民族のセグリゲーションに関する研究の長い歴史

がある．それは，各国勢調査の後の怒濤の諸分析と共に，主に，立地係数や相違指数といった都市における民族的住み分けの程度を計るための技術の発展につながるものである．このような研究は，常に説明的な側面を持ち，一方で制約の，他方で選択のさまざまな影響を比較し，理解しようとしてきた．ある人種集団が住み分けし続けようとする理由は，興味深い問題である．少なくともニューヨークの中国人コミュニティにとっての答えは，母国居住地の言語と習慣を維持するという願いの中にあるようにみえる．

セグリゲーション研究は，人口移動のプロセスと市街地内で増大する貧困集中に関連してきた．つまり，貧困地域は近年の移住者と関連し，特定の民族集団とつながる傾向がある．

変化に注目するとき，「プロセス」という用語が，この研究分野においては重要となる．そして，生活の質の向上が望めず，最低限の欲求を満たすことが可能な地区に置き去りにされた居住者である「本当に不利な立場に置かれた人々」という呼び方は，この都市動態の何かしらをとらえている．

意味に新たに注目したことの1つの成果は，セグリゲーションの傾向が支配的な白人特権階層の観点から主に研究されてきたという広い認識にある．今日では，別の問いが投げかけられている．ゲットーや新興の民族集団の内部からの認識は，どのようなものであるのか？「社会的排除」のような言葉が重要性を獲得してきた．そして，多くの少数民族に適用されている．こうして，世界に存在する多様なあり方が正当であるとみなされるべきであり，「外集団」は主流から烙印を押されたり，排除されたりすべきでないと主張されうる．国外移住の概念や特定グループの分散，記憶・感情・帰属意識の場としてのホスト都市の役割に対して関心が持たれている．

従来のモデルにおいては，同化のプロセスに重きが置かれた．たとえば，新しい移住者がホスト社会に同化するためには，3世代か

かるということがよく主張された．区別を取り除くか緩和し，順応を達成する権限を持たせた社会の推進を，そのモデルは例示する．それは，完全な同化というものが，貧しい移住者や少数民族にとって不可能であるという事実を無視している（たとえば文化的同化と経済的同化の間にあるプロセスの差異は長く認められてきたが）．好意的な取り組みが多文化社会における差異と多様性を許容するかもしれないのに対して，政治的な事情は，既存ヘゲモニーを脅かすような，社会の中の社会，あるいはサブカルチャーという考えに反論する．

変化する系統的人文地理学

　経済地理学，人口地理学，歴史地理学のような，系統的人文地理学と我々が呼んでいるものは，まだ通用しているが，それはさらにより的を絞ったテーマを基礎とする取り組みによって置き替えられてきた．イギリスの大学の地理学科で利用できるものを見ると，これらのテーマは現代的に有効なコース科目に反映されている．たとえば，都市サービス，グローバルな問題と課題，賃金と消費の地理学，記憶・空間・場所，サイバースペースの地理学，情動と感情の地理学などである．複数形の「geographies」という用語が，現在存在する多様な取り組みを強調するためによく用いられる．より伝統的な系統地理学の役割に対して，評論家は，伝統的系統地理学が「文化論的転回」というより広い影響を経験してきたと主張している．たとえば経済は，もはや自明な研究対象ではない．それは経済的，文化的な営みがますます互いに「浸潤」し，混ざり合っているからである．相関的な取り組みは，人文地理学の経済的，社会的，文化的，制度的，政治的な側面を統合し，整った体系的分類から遠ざかってきた．しかし，この説明には異議が唱えられている．すなわち，多くの経済地理学者は，文化論的転回の主張を取り巻く議論

を無視している．さらに，少なくともイギリスでは，経済学者はますます空間科学という厳密な方法を採用しており，実証主義的で，社会に存在する問題に取り組む「新しい」経済地理学を提示しているのは彼らなのである．

開発地理学は，経済的な内容に重きを置いているが，文化的，政治的因子の力の重要性も示している．伝統的には，開発地理学は，世界のさまざまな国の格差とこれらの背景となる原因を研究した．変化を理解するために新興工業国（NICs）という言葉を加えつつ，先進国（MDCs）と発展途上国（LDCs）の間の区別が，長い間なされてきた．国内総生産（GDP）や，平均余命や識字能力の組み合わせではかられる国連人間開発指数のような尺度によって定義される分類において，国々が位置づけられた．原因は数多くあるが，従属理論のようなより広い説明が存在し，それは発展途上国が先進国や世界的な企業投資によって開発され続けるということを示唆している．国連と世界銀行のような組織は，不均衡格差の是正を試みる活動主体であり，発展途上国によって生み出された債務の詳細な研究がある．その債務負担は残っており，内戦や飢餓，エイズのような伝染病の世界的流行の始まりによって悪化している．開発政策は，先進国の「善意」と変化への発展途上国の意向との両方にまたがる大きな問題でもある．開発と環境ニーズの間にある緊張がより明確になっているので，持続可能性という問題が，開発地理学にますます拡がっている．ここでは，先進国と発展途上国が，まったく別々の行動計画を持つかもしれない．自国様式の農業と経済の放棄を避け，利用可能な協議手段を活用する必要に対する強い認識も存在する．

政治地理学は，地政学と世界の力の中心という考えから，独自性，権限委譲，抵抗，移動性，差異の研究へと移行し，地理的な空間の中で使い古された方法から離れた．

都市地理学は，他の何処かでの傾向をいくらか反映しており，たとえば人文主義地理学や文化地理学によって強く影響を受けてきた．人文主義地理学は，縄張りを記した落書きのような研究テーマをもたらし，文化地理学は都市地区に付与された情緒的な価値と感情への関心をもたらした．ジェンダーとセクシュアリティ問題の拡大のような地理学におけるより幅広いトレンドは，異なるグループが都市空間を占有する過程の研究を促してきた．概念的な最前線では，都市と都市生活に関する研究が，ポストモダニズム的な思想，ポスト構造主義的理論，批判的言説分析の応用を引き込んだ．

　しばしば現れる衝突から，ある種の収束へとどのように我々は移行していくのか．

　イギリス地理学者による以下の感覚的で妥協的なコメントがその助けになる．

> 　この本は社会地理学というタイトルではあるが，文化地理学や政治地理学のような他の伝統的系統学問領域から切り離したり，区別したりして別々の知的空間を占有するといった主張はしていない．ここでいう複合社会地理学とは，むしろ風通しのよさの産物である．すなわち，異なる分野の地理学的問いの間に存在する多くのつながりや相互関係の表現の1つである．
>
> 　　　　　G. Valentine, *Social Geographies: Space and Society* (2001)

　こうした所感が「幕明け」の1つである．つまり，取り組みと主題の特定の様式を定義し，擁護したいという願望というだけでなく，他の取り組みから理解し学ぶという意欲でもある．それは，「現状」に対する声明として役に立ち，人文地理学が進歩可能な1つの正当な根拠となる．

第3章　人文的側面——場所の中の人間

経験主義と実証主義研究はどうなるか？

一般的議論の観点

　人文地理学の際立った特徴は常に強い経験的な内容にあった．それは現実世界の調査と応用の両面にある．古くからある探検，発見，フィールドワークのような伝統すべてが，情報とデータの入念な収集を含んでいた．この多くは，定性的で記述的であり，探検報告と地域研究の基礎をつくった．一方で，地図学，海図，地図製作のデータのように定量的で測定可能なものでもあった．空間分析と1960年代の「計量革命」はこのすべてを全面に押し出し，人文地理学者に対しその時利用可能な多くのさまざまなデータを使うよう促した．衛星画像と地理情報システムが，人文地理学へ応用される中で発展してきたため，データ入力と解析の範囲が再び拡がった．

　人文地理学における継続的な経験主義的伝統とその表出としての実証主義研究に対して，相容れない方向で働く学問領域内の2つの大きな緊張状態が存在する．1つ目は，データの概念と統計分析が，新しい文化地理学の多くの支持者に受け入れ難いことにある．これらの支持者には，「計量革命」やより科学的で測定的な取り組みへの移行は，人文地理学の中に現れた「暗黒時代」，「悪魔のような科学」，最悪の事態としてみなされている．抽象的概念や意味に関する定性的探求にみられる彼らの取り組みに，データにかける時間はほとんどなく，ましてや測定のための時間はない．2つ目は，構造主義のさまざまな形態の中のグランド・セオリーやメタ物語（meta-narratives）といったものが，同様に経験主義と事例研究にかける時間をほとんど持たなかったことにある．1990年代に，現実世界の質的事例研究が有力な取り組みになったとき，マルクス主義地理学者が「経験主義的転回」として名づけたものに対する強い

反発があった.

　これらの立場はいずれも,条件を必要としている.文化地理学者は統計や社会調査の価値を認めないだろうが,地域,景観,活動の背後にある意味への探求は,世界に対する我々の理解に光を当てるのだと主張するであろう.総括的理論家は,隠された構造の解釈が因果関係と説明の達成を可能にすると論じるだろう.しかしそれでも,人文地理学の経験主義的伝統から離れることには大きな犠牲を伴う.それは関連性と関与である.カナダの地理学者グレゴリー(Derek Gregory)は,以下のように示している.

　　もし我々が世界に関心がなく,ただ高度な技術の命令を表示するスクリーンとして,もしくは高度な理論の選択例を提供するカタログとして世界を扱うのならば,そのとき我々は本当の意味で人文地理学すべての可能性を断念するだろう.

　　　　D. Gregory, 'Geographies, Publics and Politics' (2005)

実証主義研究の連続性

　ありがたいことに,社会に差し迫っている問題と課題に実用性をもつ経験主義的伝統と実証主義研究は,現代の人文地理学において決して不在ではない.地理学者による国勢調査データの詳細な研究は,我々に人口変化の特性と拡がりに関する情報を提供し続けている.ほとんどの国で人口統計学的構造と人口分布は共に変化しており,そして,これらの事実の理解は,たとえば公共サービスの供給にとって不可欠である.移住と移動は,常に人口変動の典型例であり,特に深刻な人口移動は,多くの国々に影響を及ぼし続けている.新しい連合,とりわけ拡大EUは,しばしば永住にまで至る大規模な労働人口移動を可能にしてきた.ヨーロッパと北アメリカにおける退職人口の移動は,大きな特徴になってきた.人々の強制退

去,多くの社会に固有な混乱・軋轢は,先進社会で亡命者がより良い安全な生活を探すという,少なくともスケールに応じて比較的新しい現象をつくり出した.

人文地理学者は変化過程と結果を共に研究し,解釈してきた.都市化と大都市の出現は,人文地理学において根強いテーマであり続けている.グローバリゼーション研究は,概念的かつ経験的レベルで主要な議論を刺激してきた.カナダの地理学者デーヴィス(Wayne Davies)は,グローバリゼーションを次のように定義した.

　世界規模で人と場所をつなぎ,社会と場所の構造と組織の変化を創出する世界的空間流動の増加・人・情報・商品・組織・国の相互依存.
　W. Davies, 'Globalization: A Spatial Perspective' (2004)

最も目にとまるグローバリゼーションの影響の1つは,世界中の都市の至るところで出店しているコカ・コーラやマクドナルドのようなブランドを有する多国籍企業の拡がりである.グローバリゼーションによって取り上げられる重要な問題がある.均一性に向かうグローバルな力は,場所と地域の差異を覆い隠すのであろうか？地域特有の歴史と文化は,明確な独自性を保てるほど十分に堅牢なのか？　それは,グローバリゼーションの基本方針を今後推進する主要な政治的および経済的有力者の関心事なのか？　それは,グローバリゼーションの推進と規制戦略において選択できるのか？　イギリスの地理学者マッシー(Doreen Massey)が指摘したように,境界のない世界における自由貿易の概念は,厳しい規制が存在し続ける地域で否定されている.彼女が「地理的想像力の不誠実な操作」と呼ぶ危険が存在している.

都市地理学は,都市内にある長所と短所の偏在に長年に渡って関

心を持っている．たとえば，貧困地域，略奪地域，犯罪発生率が偏って高く見える地域の研究がある．標準的な取り組みは，領域指標に関する調査を含んでおり，それは最も不利な地区に位置する集中域の測定と問題の範囲を念頭に置くものだった．国勢調査の小地域統計は主要なデータソースであり，微調整がなされて，行政区から国勢調査区や郵便番号地区のデータへと移行した．「郵便番号くじ」に関する進行中の議論は，生活運はしばしば住む場所と関連があるという人文地理的事実に言及している．つまり，ある地域は特権を持つ一方，ある地域は恵まれない．集中度の測定や選択指標に基づく類型的地区分類の域を超えて，地理学者は特定地域内の生活の質に関するより徹底的な分析へと移行してきた．一般にその問題は，場所の特性とその影響に関連するものである．すなわち，より一般的な社会の特徴の中に，価値とふるまいの局所的組み合わせやサブカルチャーがあるかどうかということである．

　金融排除や，特定の人々に対してローン・抵当資金・クレジットの利用を排除する様式の分析というものが，貧困地域に関するより伝統的な研究と結びつけられてきた．

　また，場所の意味と，特別な地区に付与された感情的価値の存在に関する地理学的研究が存在する．その感情的価値が，少なくとも短期的には市場の影響の脅威から地区を守ることになるかもしれない．ボストンのビーコン・ヒルは，長年，居住者が商業活動の流入に抵抗し，地区の特色を維持することができた場所である．この地区に関する古典的研究は，こうした地理学的研究の初期の例であった．近年の類似の研究例に，バンクーバーのショーネシーハイツを対象としたものがあげられる．もう1つの側面に，消費への新しいまなざしがある．消費は，小売りセンター・買い物様式・サービス提供という従来のまなざしを超えて，中古市場・インフォーマルセクター・トランクセールというなじみのない世界へと移行している．

図 14. 都心部のジェントリフィケーション.
ロンドン・スピタルフィールズのエルダー通り．以前，荒廃していた家屋が知的職業層のために高品質な改装が行われた．

ジェントリフィケーションは，特に中心市街地において，古い住宅地が住宅の変更と更新というサイクルの中で改装され，改良される1つのプロセスである．図14は，ロンドンのスピタルフィールズ（Spitalfields）地区にある再開発され高級化された通りを示している．3階建ての家が，外観はそのままに改装され，現代的になった．多くのジェントリフィケーションは民間で行われるのだが，そこには中心市街地の経済再生・スポーツや文化施設・波止場地域プロジェクトなどのような最重要プロジェクトと関連した公的部門のイニシアチブが存在する．そのプロセスが，人文地理学者の関心の多くの観点を包含している諸要因についての活発な議論を促してきた．ジェントリフィケーションは住宅市場における選択の変化の産物であり，消費者の選好によって動かされるものなのか？　このことは部分的には真実であり，サービス労働と専門的労働力としての女性の台頭といった労働市場の変化が，変化過程の原動力の1つである．しかし欠点としては選択可能な人々が主要な原動力であるということであり，一連の変化の下で生じる整備と再支出によって低所得世帯の著しい退去というものが存在してきた．その他の重要な要因は構造的な変化と，利益報酬によって動機づけされる大企業の投資戦略である．ジェントリフィケーションは複雑なプロセスであり，過去と未来・居住者・地主・投資家・金融機関・プランナー・地方自治体に関連している．最後にあげた地方自治体は，開発業者の野心と地元住民の要望を調整しなければならない．

　地誌学は全体としての地理学に属しているが，人文地理学の伝統的な側面であった．地誌学は，集合体およびしばしば記述的語りへの関心を持ちつつ，中規模での分析を示す傾向がある．文化地理学者は規模を微視的なものへと移行させようとしてきており，自己と身体を強調し，個人を最重要視してきた．たとえば，地域・場所・景観に関する伝統的な関心は，自己と身体の関心を通して語られる

と主張されてきた．広告掲示板やいくつかの建築など，ボードリヤール（Jean Baudrillard）がアメリカの景観の中で用いた記号と象徴によるイメージは，「地域」をより効果的に表象するものとなるということもまた，提示されてきた．「テクスト」の中に意味を読み取らせる定質的，印象主義的アプローチは，経験主義的な記述・データ・測定を取り込む人により好まれる．対照的に，オックスフォード大学の歴史家バトラー（Christopher Butler）は，我々が生きている文化に関してボードリヤールの主張する本質的な非現実性に対して，常軌を逸したものだと述べている．ここには明らかに，議論の余地がある！　領域区分の概念から環境と**生活様式**（*genre de vie*）へ，あるいは地域科学の機能空間と社会的・文化的取り組みの中での場所と社会的関係の意味へと，地域の発展はたどることができる．地誌学はグローバル化する世界の中で「ローカル」という問題と向き合っている．これは，思考の進化によって急進的変化をもたらされた多くの人文地理学分野の1つである．

第4章

全体としての地理学——共通基盤

 今までのところ我々の議論から浮かび上がった地理学の特徴は，多様性のある研究領域を持つということである．地理学はある種の「広範な教会」であるとよく言われるが，それは，自然地理学者や人文地理学者によって現在研究されているテーマや，研究方法の範囲にまさにふさわしいものである．この章の目的は地理学の共通基盤を探索し，実証することにある．共通基盤とは，地理学を1つの学問分野として維持し，地理学に独自性の統合を与えるものである．はじめに，最も重要な共有される概念と実践について簡潔に述べる．次に，我々が「統合地理学」と称する調査，学問，研究に関する5つの領域に焦点を当てる．このことが，全体としての地理学が特徴的で重要な役割を担うことを実証する．

共有される概念と実践

 地理学をまとめる統一的見地は，以下のように明確に述べることができる．第一に，空間，場所，環境と呼ぶ中心概念がある．時間，プロセス，スケールを含む地理学の中で機能する一連の一般概念が，これらと結びついている．地理学がこれらの概念（中心概念として述べたものでさえ）を独占しているわけではないという理解は重要である．これらの概念は，幅広い分野で用いられるものであるが，地理学者によるその利用方法に独自性がある．

 地域的特徴，歴史地理学，環境決定論のような地理学創設の研究

は，価値ある主題としての地理学の認識をもたらした．これらは，自然と文化の両方に対する地理学の関心によって支えられており，地理学が自然科学と人文科学の架け橋としての役割を果たし得ることを示すものである．今日，自然地理学と人文地理学を結合することによってのみ取り組むことができる多くの重要な研究課題がある．たとえば，資源開発，自然災害，地球環境の変化によってもたらされる社会問題のようなものであり，この章の後半で詳述する．さらに，景観に関する考えが好例だが，おそらく統合化された取り組みを必要とする地理学の分野がある．これについても別の節で明らかにする．最終的に，大学や学校における地理学的研究や教育の存続は，地理学としてのただ１つの主題の独自性が維持されることにかかっている．

統合地理学

　「統合地理学」という用語は，自然と人文の両方を含む学問分野の側面をはっきりと認めるものである．歴史的に，専門化が進めば進むほど統合地理学の必要性がより大きくなるという一種の皮肉が存在する．このことは，全体としての地理学の特徴的な性質と知的資産の再認識を求めるものである．ここでの狙いは，統合があたり前であった過去の地理学における「黄金時代」の擁護を始めることでもなければ，現代的発展の価値をないがしろにすることでもない．むしろ，地理学的研究に対する多くの取り組みを，現代の問題にも適応できるのだということを示すことにある．議論すべき統合地理学の５つの分野それぞれにおいて，自然地理学者と人文地理学者の間の相互作用が持続している．そこでは，地理学の中心概念や一般概念のさまざまな組み合わせが重要視される．すなわち，統合地理学的な取り組みなくして，地球と人々についての重要な研究課

題に応えることはできないということが示されるのである.

地誌学

　地誌学は，場所の記述，分析，統合として定義される．地誌学は20世紀前期〜中期に地理学の中心となり，しばしば学問領域における発展段階の1つとして考えられている．しかしながら，地誌学は単に歴史的な関心においてだけでなく，調査や政策においても中心的役割を果たし続けている．地域差を分析し説明するために，地域という文脈の中で一般理論を検証するために，特定地域の政策をつくりあげるために，そして特定の場所における問題を解決するために，地理学者は地域研究に専念し続けている．実際，アメリカ地理学会（Association of American Geographers: AAG）の少なくとも9つの特別研究グループは，原則として地域的なものに焦点を定めており，対象地域はアメリカ，カナダ，ラテンアメリカ，アフリカ，ヨーロッパ，アジア，中国・中央ユーラシア・東ヨーロッパを含むロシアに渡っている．そのうえ，ほとんどの地理学者は，研究の中で地域的な興味を主張しない者でさえ，実際には最も精通している地球上の限られた地域で研究を行っている．

　現代の地誌学は伝統的な地誌学とどのように異なっているのだろうか．それは，アメリカ地理学者ハーツホーン（Richard Hartshorne）の「地域的差異」や，英国海軍情報ハンドブックの地域の記載や，それらに影響を受けた後の教科書によって特徴づけることはもはやできない．これらすべての研究は，各々の地域は固有であり，閉じた境界線を伴う比較的均質なものであるということを意味していた．ある地域がいつの間にか別の地域に統合されてしまう地域的現実と，何処にでも適用できる地域的手法との区別は，常に明確なわけではなかった．現代の地誌研究は，独立して行われている

のではなく，グローバルスケールにまでつながるマルチスケールの関係を考慮に入れている．地域は現在，明確な基準に従って特定の目的のために区切られている．言い換えれば，地域というものが地球表面の一般的に区別しやすい部分というよりも，むしろ方法論的な手段としてみなされる傾向にある．

　いかなる種類の研究が，現代の地誌学に含まれるのだろうか．現代の地誌学は一般化とグローバル化を重視するものだが，場所の特異性や，グローバルなプロセスの中の局所的影響，局所的に発生するプロセスなどもきちんと取り扱っている．距離は，一部のグローバルな社会経済活動にとってもはや重要ではない．しかし，同時に文化的差異により地域的な影響力が持続し，新しい影響力が生成されている．地誌学が重要視する特定の問題は，空間的不平等や政治課題・政策に重要な意味合いを持つ不均等発展としばしば関係する．

　アフリカの地理学的研究は，発展途上国世界のコンテクストの中で，地誌学に関するいくつかの現代的研究テーマを示している．たとえば，人口増加が環境悪化や農業の減退を導くという単純理論は単純化しすぎであることが示されてきた．生物物理学的環境と人間環境（後者はたとえば，市場アクセス，土地保有権，技術革新，政治を含んでいる）に関する多くの因子は，生産システムが持続可能かどうかを決定する複雑な過程において，相互に作用し合っている．これらの環境条件が有利なところでは，先端技術に基づく生産システムの輸入と，海外から政府への莫大な財政援助によって，急速で持続可能な農業強化が行われるかもしれない．しかしながら，このような一連の過程は，不利な条件に起因してよく失敗する．このような別の条件下では，地域固有のシステムや直接的な貧困層へのマイクロクレジット機関（融資可能でない人々への非承認融資）の提供が，発展のためのよりふさわしい基盤を提供するかもしれない．農地改革の国家干渉，多国籍企業，地域資源の利用法，先住権

や野生動物の保護,放牧者と農業従事者との対立,地方や都市生活における女性の役割の変化といったものも,資源,環境,開発に関係する地理学の課題である.

サハラ以南のアフリカにおける飢饉や大規模な食糧不足は1つの地域問題であり,新しい世界秩序の価値や認知という見方の中で,自然的・社会的環境の特殊性がますます理解されるようになってきている(図15).この問題に関して,降水型,干ばつ頻度の変化,土壌の質,疾病の媒介生物が繁殖する生息条件を含む自然の特殊事情を理解することは重要である.しかし,それと同様に,増加する人口圧とその生態学的影響,奴隷貿易と植民地時代の影響,敵対的な内部民族と宗教上の違い,グローバル化と国外からの政治的干渉,アフリカの広い地域に渡る政治的リーダーシップの欠如も重要である.世界の別の地域で引き起こされるまったく異なった問題に

図15. ケニア北東州のエルアチェ(El Hache)キャンプに避難している遊牧民380家族のうちの一家族.少雨が10年続き,2005年10月に雨季における降水不足の後,東アフリカに広がった厳しい干ばつのため家畜を失った.

おいても，同様の地理的側面が存在する．たとえば，アマゾンの森林伐採，国際的な準備を要する南極大陸の将来，経済大国としての中国の台頭，中東からのテロリズムの拡大，EU内の中央集権化と権限委譲で相容れない勢力の問題などがあげられる．地理学の特徴すべてが，そのような地域問題の複雑さを理解するために必要不可欠なものである．

歴史地理学

　基本的に，歴史地理学は過去に関する地理学である．統合地理学のフィールドとして，空間・場所・環境という重要な地理的概念が，過去という文脈の中で考慮される．これは，従来，過去のある時間や時代における，特定の場所や地域を解析すること（「時間断面」）を含んでいる．その古典的な実例として，ケンブリッジ大学地理学科を本拠地とするダービー（H. C. Darby）によって行われたドゥームズデイ・ブック（Domesday Book）と呼ばれる土地台帳に関する綿密な研究がある．この土地台帳は，ノルマンディー征服直後の1086年における英国の地理に関する豊富な情報を含んでいる．この情報源から，ダービーは人口，森林地帯とその利用法，家畜の頭数，所得を含む経済的地域の変動を定量化し，地図化した．

　2つ目の取り組みは，現代世界を理解するために有用な過去からの証拠を使うことにある．それは，過去から受け継がれてきた現在の景観（「レリック」）に関する現象の理解を含む．現在の景観におけるレリックの例には，次のようなものがあげられる．氷河期の遺物であるU字谷，エクセターからリンカーンへのポスウェイのようなローマ街道をたどる輸送路，かつて自然の湖と考えられてきたが現在は13～14世紀に泥炭を切りだすことによりつくられたものであるとされるノーフォークブローズ，産業革命の現代的遺産をつ

くっている都市域や産業地域の多くの特色などが，これにあたる．

3つ目の取り組みは，特定の現象またはすべての景観における時間を通じての変化（「時間経緯」）を調査することである．ここでは，グリーンランドの古代スカンジナビア居留地の歴史を例にあげる．そこは，985年頃にアイスランドにより植民地化され，それが約500年の間続いたところである．西部の居留地は14世紀中頃まで続き，東部居留地の人々は15世紀の終わり頃に死に絶えた．この衰退は，「小氷期」と同時期に起こったので，小氷期との因果関係の有無は興味をそそる問題の1つである．気候条件は，確かに悪化した．死者の墓は，20世紀になってようやく融解した永久凍土層の中に閉じ込められていた．気候の悪化により穀物の不作の頻度が増し，海氷の拡大によって船による外部世界とのつながりはさらに難しくなったであろう．しかしながら，明確な原因はまだ特定されていない．関係する他の要因には，次のようなものがある．すなわち，過剰人口，生産の減少につながる土壌劣化や土壌侵食，文化的価値や生活様式を変化させ，変化する状況に対処する移民者の能力の限界，海洋生態系に基づく経済基盤を持ち，より持続可能であった先住民イヌイット族との争い，近親交配住民の間の先天性不妊，ヨーロッパとの貿易の減少などである．

地誌学と同様に，歴史地理学は単なる歴史変化に関する記述目録の提供から，かなり多様化してきた．歴史との緊密な関係は依然として残っており，すべての地理学は歴史地理学であるという感覚がある．地球表面上で起こる人間活動と自然現象のほとんどは，現代の歴史地理学者にとって潜在的興味の対象である．自然環境の変化や自然景観の展開に注目し，その歴史的側面を調査する自然地理学者は，歴史地理学に言及することなく大部分の研究を行っている．最近の傾向としては，異なる社会的背景，国籍，エスニシティ，階級，所得，ジェンダー，年齢を持つ人々によって場所と景観が形成

され，経験される，そのさまざまな過程に注目してきた文化地理学者が，歴史地理学を席巻しているということがある．

それゆえ，現代における転換とは，物質性・物質の外観・人工物に対する関心から，文化的プロセスに基づくものへの転換であった．たとえば，景観の象徴性やそれが持つ意味に新しい重点を置いている．歴史地理学は独自の多様性を常に持っている．たとえば，1665年の疾病，植民地主義協定，ロンドン橋の建築の歴史，ノラ（Pierre Nora）の「記憶の場」の研究のように，最近のプロジェクトにおいてもこのことは維持されている．しかしながら，イギリスの歴史地理学者ウィリアムス（Michael Williams）は，歴史的景観の展開に関するある論評において，階級関係や景観の別の「とらえ方」の役割を強く主張した．彼の嘆願は，景観が有形・無形の微妙な差異や実態からなることを受け入れることにより，相対する取り組み間の仲裁を行うものであった．これは，人文地理学の他の取り組み同様，より伝統的な取り組みが，象徴・意味・価値への新しい焦点と渡り合うために必要なもう1つの手本である．

時系列的な人間-環境相互作用を理解することへの取り組みについて，特に統合地理学に関連する実例を示す．これは，生物物理学的変化と文化的変化がどちらも同じ時間スケール上で識別されるか，復元可能であることを前提とする．生物物理学的な環境の再構築には長い伝統がある．この環境は，地球表面の別の部分である人間の占有に関する一連の様相と関連し，森林伐採，居留地，土地の排水，地方の変容，都市化，工業化，貿易の中で，どのように人間が環境に影響を与えたかを推察するものである．有史以前やその後の，かつての自然環境を復元するためには，自然地理学，環境考古学，人類学や他の科学からの科学的専門知識が必要となる．それでも，原因の属性や，特に過去における人間の意思決定プロセスを理解することと比べれば，これは比較的容易な仕事である．人間の影

響は時空間の中で変化し，他の要因の中で，自然環境に対する人々の認識の変化と技術的変化によって条件づけられるものであった．さらに，自然に関する概念や，自然環境に対する社会の関係についての考えは，それ自身を変化させ，地理学と同様の歴史を持っている．

人間-環境相互作用の地理学

　自然環境と人間の間の互恵的相互作用は，統合地理学の主要概念である．それは「地理学的実験（Geographical Experiment）」の中で分化した学問領域のように，確立した地理学に最も強い論理的根拠を与えた．そして，同じ大学教室の中で，共に残っている自然地理学と人文地理学に強い学問的な正当性を与え続けている．人間-環境相互作用の地理学には，相互連関のある2つの主要な副主題が存在する．1つ目は，異なる自然環境が社会とその活動に及ぼす複雑な影響を研究することである．2つ目は，異なる環境において有益でもあり無益でもある人為的影響の性質と拡がりを理解することである．これらの副主題は共に，自然環境と人間社会の双方に作用し関連性を持つ自然地理学的・人文地理学的な分布やプロセスについて，十分な知識があることを前提としている．

　環境と社会の相互作用の仕方を概念化し，理論化する地理学者の試みは，雑多な成果を生んでいる．たとえば，20世紀前半の環境決定論は，気候と人間の特性や文明の衰退との間の単純で直接的因果関係を示すものとして，環境の影響を表現したものであるが，その歴史的な役割には根本的な欠点があった（図16（A））．これ以来，社会と環境との関連性に対する複雑で，間接的で，再帰的な性質が理解されてきたため，図16（B）-16（C）に示されるような，より洗練されたモデルが提示されている．

A 環境決定論

B 技術的唯物論

C 適応システム

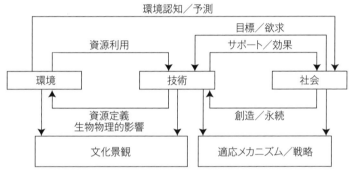

図16. 環境-人間相互作用の3モデル.
(A) 環境決定論, (B) 技術的唯物論, (C) 適応システム.

図16 (B) が示す「技術的唯物論（Technological materialism）」は, 環境が社会に影響を及ぼす方法と, 社会が環境に影響を及ぼす方法をとりなす際の科学技術の役割の重要性を示している. 環境に対する人間の見方は, 利用可能な技術補助によって実行可能な資源開発の範囲を反映する. 言い換えると, 科学技術は実現要因ともいえる. たとえば, 鋤の発明は, 農耕社会が土地利用を高め, 生産性をあげることを可能とした. これは同時に, 土壌の肥沃度と侵食に対して, より大きな人為的影響をもたらすこととなった. 同様に,

ほとんどすべての技術革新は,何らかの方法で人間-環境の関係に影響を及ぼす可能性がある.

「適応システム」モデルにおける環境と社会の相互作用は,より多くの社会的,文化的,経済的,政治的要因の影響を受ける.図16(C)の矢印の方向に示されるように,多くのフィードバックとフィードフォワード・ループによる相互関係がある.これらのモデルの特徴は,環境を理解して利用する方法の複雑さを反映している.また,適応可能なメカニズムを開発し,時がたてばそれらの計画を変更する社会の能力も反映している.洪水災害への人間の適応は,その良い例である.洪水は大抵,1世紀ないし2世紀ほどで繰り返されるので,現代の西洋社会では洪水から保護するために工学的な計画の形をとる.この解決策は,社会的な要求や,経済的な費用と政治的圧力の相互作用の結果として採用されてきた.これは,必ずしも最適戦略ではないが,時間と共に進行する洪水に対しての1つの可能な対応を示している.

社会に対する環境の影響に焦点を当てる地理学的研究は,たとえば,自然資源の利用と自然災害に対する人間の脆弱性を理解することに貢献している.自然資源は,社会で利用可能な自然環境内にあるすべてのものを指す.しかし,ある特定の場所で資源として利用されるということは,その利用可能性に依存するだけでなく,社会がその価値を認めるために,その利用を選択するということにもよる.異なる場所や異なる時間における社会が,異なる文化的価値,科学技術のレベル,経済もしくは政治的な考慮により,違った資源認知をしてもよい.野生生物の状況は,この点で良い例となる.すなわち,「ブッシュミート」のように食物源としてみなされることもある一方で,後世のために保護されたり,または観光客に別の方法で有効に利用されなければならないものとみなされることもある.したがって,自然資源の地理学は,その資源の生物物理学的な

性質と，関連する人間環境の多くの側面を同時に引き出している．

再生可能な資源と再生不可能な資源の区別は，この文脈において重要である．再生可能な資源とは，土壌，淡水，森林，漁業資源のようなものを指し，生物学的もしくは環境学的なプロセスによって再生される．そして，持続生産量を上回らなければ，無限に生産される．しかし，そうした資源の開発は，世界人口の増加よりも速い割合で増加している．たとえば，1950年代以降，水の世界需要量は3倍に，漁獲量は4倍に，食物消費量は6倍に増えてきている．農業，水の供給，林業，漁業における技術革新は，生産量を増加させると同時に，持続生産量の超過を生じさせる可能性があることがわかってきた．これは，資源の枯渇とすべての地生態系の崩壊につながる可能性がある．そこにはしばしば，経済的かつ政治的システムを通じた波及効果が存在する．中東とその他の場所におけるいわゆる「水戦争」がその典型例にあげられる．そういった場所では，川や地下水の上流部での水の汲み上げが，下流部での水の供給を制限することにつながる．化石燃料と金属鉱石のような再生不能資源の埋蔵量は，地質学的なプロセスによりゆっくりと形成され，限られた供給量となっているため，減少し使い果たされるかもしれない（ただし，特に金属のような場合は再生可能な例がある）．技術的変化や社会的価値の変容は開発の増大を招くかもしれないが，それらは資源の埋蔵量を増加させ，利用を減少させ，代替物をつくり出すことを可能にするものでもある．つまり，枯渇率を下げ，消耗の見込みを減らせる可能性を持っている．それゆえに，再生可能資源と再生不能な資源の利用は，生産と消費，管理と持続可能性，保全と維持に関する問題を提起し，それらのすべては重要な地理学的側面を持っている．

これらの資源問題のいくつかは，乾燥地における地下水の利用によって実証される．一方で，科学技術は生産性のある景観を創造

し,「砂漠に植物を繁茂」させてきた．このことが図17に示されている．回転するパイプからのスプリンクラーによってつくり出される円形の生産エリアは，周囲の不毛な景観と顕著なコントラストを見せている．この見事な功績の否定的な側面は，地下水貯留量の長期的低下が生じていることにある．これは，周辺地域での降水による帯水層への自然涵養よりも速い速度で地下水の利用が進むことによっている．このことは，水の給水制限を必要とするかもしれない．さらに，塩類化作用は，土壌からの水の蒸発に伴う塩類集積による生産力の減少と，場合によっては砂漠化をもたらす．国連食糧農業機関（FAO）は，毎年世界中で12万5,000 haの土地が塩類化作用により失われていると推定している．

　人間に対する環境影響についての2つ目の事例として，自然災害に対する人間の脆弱性をあげる．自然災害とは，人間システムに危険をもたらす極端な自然事象を指す．それらは気象学的，地質学的，生物学的事象を含むが，人間が引き起こした汚染災害や人間の健康を脅かす疾病は通常除外されている．たとえば，地震，火山噴火，洪水，熱帯低気圧のような地球物理学的災害の深刻な影響は，一般的に社会に破滅的な結果をもたらす．しかし，危険性が同程度であっても，異なる脆弱性を持つ別の社会においては，かなり違った影響を与えることになる．年平均で約25万人が自然災害で亡くなり，その80％以上が発展途上国の人々である．最近の事例としては，インド洋沿岸の人々に影響を及ぼした2004年のボクシングデー（クリスマスの翌日）の津波や，2005年のパキスタンのカシミール大地震があげられる．対照的に，財産の損害やビジネスの中断による経済的損失は，先進諸国において最も高くなる傾向にある．このことは，技術的に進歩した社会で最も脆弱性が小さく，また過去よりも現在の方がより脆弱性が小さいという理解が誤りであることを示すものである．それは，2005年のハリケーン・カトリ

図17. 汲み上げ地下水を利用した砂漠の灌漑.
(A) スペースシャトル・コロンビアから見たサウジアラビアのイエローサンズにある緑の円形農地. (B) イスラエルのネゲヴ砂漠北部のダハロット共同村近くにあるセンターピボット式灌漑システム.

ーナに伴うニューオーリンズの浸水や，2007年夏季に長期的に停滞した暴風雨により生じた南イングランドの河川の氾濫によって，まざまざと示された．人口と財産は，危険な地域において増加し続けている．このことは，利用可能な資源を開発する必要性や，度重なる危険への軽視または危険を認知していないことに起因している．統合地理学は，生物物理学的な危険と文化的背景を共に考慮するという役割を負っている．

グローバルチェンジの地理学

　世界規模に至る空間変動と，地球上の人間の占有に関連した時間スケールにおける経時的変動性は，長い間統合地理学の中の主要な概念となっている．したがって，グローバルチェンジにおける地理学の関心は新しいものではない．この関心は，先に議論してきたテーマである歴史地理学と人間-環境相互作用の地理学の双方の中にたどることができる．しかしながら，近年のグローバルチェンジは，それ自身が主要なテーマとなってきている．その大きな理由は，生物物理学的環境と人間環境両方における現在の変化の強さ，速度，方向についての広い関心にある．一方で，生物物理学的環境に対する地球規模の人為的影響は，今や多くの人々が人類自体の未来を脅かすものとして信じるほど支配的なものとなっている．他方で，人間の相互作用に関するコミュニケーションや組織，情報，人間，その他の形態のグローバル化は，人間環境の中で経済的，社会的，政治的パターンの本質に大きな影響を与えてきた．

　グローバルチェンジは，人類が改変した地球表面である人間圏に影響する近年・現在・近未来の変化として言及されるようになった．人新世の間のかつてない変化速度は過去200年にわたるものではあるが（第2章コラム③参照），その中でも特に自然と人間環境

に関するいくつかの主要な指標の過去50年間の変化速度について，図18に示す．グローバルチェンジは，急速に都市化する人間集団によって直接的または間接的に駆動され，現在60億人を上回る人口は，2050年までに73〜107億人に達すると推定されている．したがって，個々人の「ジオエコロジカルフットプリント」は増加してきているのだが，1960年以降，200%増加したと推定されている人為的影響に対するより強い関心が存在している．

たとえば，航空運輸，国際合意，多国籍企業，携帯電話，インターネットユーザーの増大のような電子化時代に関連した変化速度は，場合によっては，さらに急速であり，至るところに存在する．1985年には，携帯電話もインターネットも存在しなかった．しかし，2000年までに8億台以上の携帯電話ユーザーとおよそ10億人以上のインターネットユーザーが存在するに至った．自然環境汚染から社会の組織化に至る人間活動の世界的な広がりと速度が，世界を変化させてきた．そして，その機能システムは未来の行動を誘導する過去の類似環境が，たとえあったとしても少ししか存在しないことを意味する．しかしながら，これは空間・場所・環境に関する伝統的な地理学の関心をなくすものではない．むしろ，情報技術の実態として我々の関心は再焦点化され，そしてその変動する影響に適応しなければならない．

それゆえに，統合地理学は，地球規模の変化の生物物理学的側面と人為的側面にまたがる分野として主要な役割を担う．この役割は特に次の (1)〜(4) にあげるものを含んでいる．

(1) 変化に関する局所的かつ地域的な空間パターンを記録し，モニタリングすること
(2) 異なる場所における相互作用プロセスを理解し，それらの影響を説明すること

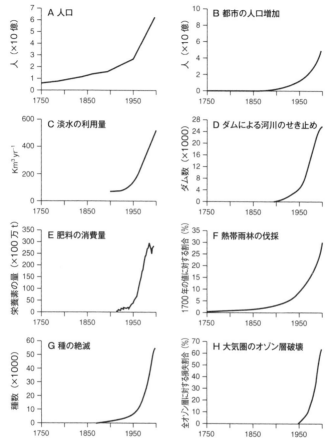

図 18. 人新世における地球規模の変化に関する主要な指標.
(A) 人口, (B) 都市の人口増加, (C) 淡水の利用量, (D) ダムによる河川のせき止め, (E) 肥料の消費量, (F) 熱帯雨林の伐採, (G) 種の絶滅, (H) 大気圏のオゾン層破壊.

(3) 局所規模から地球規模に至る環境影響の緩和のために政策を発展させること
(4) 倫理的な枠組みに貢献すること

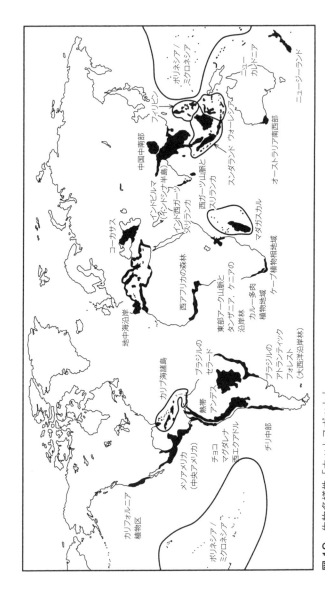

図19. 生物多様性「ホットスポット」.
危機に瀕している固有種が多く生息する25の主要なホットスポットが命名され、黒塗りされている.

いわゆる生物多様性の「ホットスポット」はその好例である（図19）．ホットスポットは，生息地の消失によって絶滅の危機に瀕する固有種が例外的に集中する地域として定義される．全体としてそれらの地域は，すべての顕花植物の約44％と，4つのグループ（ほ乳類，鳥類，爬虫類，両生類）内のすべての動物のうち約35％を含んでいると推定される．そのほとんどは，熱帯雨林，熱帯の島嶼部，または地中海地方に分布している．ホットスポットは最も保全を必要とする場所であり，その面積は地球の陸地面積のおよそ12％に当たる．この地域には世界人口の約20％が居住している．さらに，ホットスポットにおける人口増加率は1995〜2000年で1.8％であり，世界の平均増加率の1.3％を上回っている．ホットスポット地域のわずか38％が，国立公園またはその他のタイプの保護地として現在保護されている．このように，個人，企業，政府が対処しなければならない科学的，実際的，倫理的な問題において避けて通れない地理学的側面がある．

景観地理学

　地理学的に，景観の概念は全体として見られる地球表面の一部を対象としており，一連の現象，それらの生物物理学的な特徴，生物物理学的環境と影響力の大きい人間環境に関する観点を含んでいる．フンボルトは，「地球におけるある地域の全体的特徴（Der totale Character einer Erdgegend）」として景観を定義した．そのように，景観は地理学の3つの中心概念である'空間・場所・環境'を包含し，とらえがたい「研究目的」を地理学者に提供しようとするものである．しかしながら，地理学者とその他の研究者は景観を見る多くの異なる方法を持っているため，その研究目的はとらえがたいままとなっている．たとえば，地形・植生・土地利用・居住の

特有の構成，相互作用する生態系モザイク，人間活動を含むより高水準の総体システム，衛星画像におけるピクセルの配列，もしくは文化によって決定される美的価値を含む風景，これらのすべてが景観を見るための異なる方法にあげられる．地理学においては，伝統的に景観の形態や見える形に重点が置かれていたが，これは現代の地理学者が景観を見る方法のうちの1つにすぎない．

20世紀中頃にかけて，ドイツ人地理学者トロール（Karl Troll）は，統合地理学に対して地生態学的取り組みを展開した主要な研究者であった．彼の統合地理学は，自然と人間のプロセスの産物としてみなされる景観に基づいていた．これは，20世紀の終わりに登場する景観生態学という学際的分野の出現を最初に刺激したものであったと考えられる．ロシア，アメリカ，オランダの地理学者もまた，景観生態学に対する主要な貢献者であった．景観生態学は，以下のように定義されている．

> さまざまなスケールでの景観における空間変動の研究．それは，景観異質性に関する生物物理学的で社会的な原因と結果を含む．
> International Association of Landscape Ecology,
> *Mission Statement*（1998）

景観生態学の概念は，自然地理学者に対して大きな影響を与えている．なぜなら，自然地理学者は，形態的，構造的な関係に重きを置くことから離れ，プロセスの相互作用と総体系としての景観の機能や変化の仕方をより深く理解する方向へと移行してきているからである．たとえば地形学において，景観変化は，質量とエネルギーのさまざまな入出力を伴う堆積物収支を含むものとしてみなされている．換言すれば，ある範囲内の地球表層プロセス，生息環境，植生と土壌被覆の地域間相互作用であり，時間の経過と共に強さと頻

度が変動する侵食と堆積のイベントを伴うものである．これを，いわば「景観動態」という言葉で表現してもよい．同様に，堆積物や堆積物コアは，自然的かつ人為的要素の影響を受ける多くの相互作用を伴う景観プロセスの結果として生じたものであるが，自然地理学者は，第四紀科学に対する貢献の中で，それらの断面を解釈している．現代の景観生態学は，リモートセンシングとGISの発達によって大いに影響を受け，発展してきた．これらの技術は，景観における変化とパターンを記述し，分析するために設計されており，景観管理と景観計画に大いに応用できるものである．

　人文地理学者は，物質的文化の中に反映される景観の観点にだけ関心を持つのではなく，今や景観をつくり出す根底にある社会的・文化的・政治的プロセスや，意味や価値を持った景観に関心を持っている．

　人文地理学者は，今なおサウアー（Carl Sauer）と彼の景観に対する文化生態学的アプローチの功績を認めているが，現在では多様な解釈を行っている．たとえば，パリンプセストとしての景観は，景観の展開的解釈を勇気づけるものだ．嗜好や価値としての景観は，現在の潮流を反映する景観の変化に注目する．人文主義地理学者は，画家や作家の見方による景観の解釈を考えようとする．社会的なプロセスやテクストもしくは固有性としての景観の記述は，景観の中にそれを形成した人間の影響力を読み解こうとする試みを反映している．景観は，依然として人文地理学の中核をなす概念である．これは，アメリカの地理学者コスグローヴ（Denis Cosgrove）の概念に関する記述の中において明らかである．この概念は，環境における統一と秩序を示唆する世界の可視部に注視するものであり，人間の介入の記録としてのものであった．景観の地理学的解釈のいくつかは，この多様性に順応しているが，景観の自然的で人間的な性質を統合するという重要な挑戦が残ったままである．

景観地理学の最も期待できる取り組みの1つは，自然と人間の結合システムとして景観の複雑性を調査することによって，景観生態学の基盤を構築することである．そのようなシステムの統合的な研究は，それが自然地理学者や人文地理学者によって別々に調査される場合には明らかにできなかったパターンやプロセス，思いもかけないことを明らかにすることができる．これは，中国で絶滅の危機に瀕しているジャイアントパンダのための，臥龍自然保護区における学際的な調査によって例証される．これらの研究では，自然システムと人間システムを結びつける要素が測定された．その変数の中には，パンダの頭数や野生動物の生息地といった自然景観に関するものがある．そして，人口や保全戦略といった文化景観に関するより明確な観点がある一方で，薪拾いのようなものも測定要素として含んでいた．

　ジャイアントパンダは，生息地であり，かつ主食である笹の葉を供給する竹林に大きく依存している．臥龍の地元住民居住地の近くにある森林は，調理と暖房のための薪集めによって衰退したため，薪は次第に竹林から集められるようになった．それはパンダの生息地の悪化を招き，パンダは絶滅の危機にさらされた．このことは，中国政府がパンダと人間の双方のためになるような保護策を講じることにつながった．労働のための都市への人口流出により現地の人口が減少したにもかかわらず，薪の需要は増加した．そして，パンダの保護区が設立された後，以前よりも急速にパンダの生息地は悪化した．これは部分的に，パンダを見るために世界中からやってくる観光客の流入増加による地域産物の消費の結果として起きたものであった．予想外の世帯数増加による影響も受けた．世帯のそれぞれが保全政策の一部として受け取る助成金により，収入の実質的増加の恩恵を受けたためである．世帯の急増は，世帯当たりの人口減少を十二分に打ち消し，薪の需要増加を招き，さらにパンダを脅か

した.

　この事例は,ある種の統合景観地理学が興味深く,かつ役に立つ結果を生み出しうることを示している.それは,人間の介入の記録に対するある統一的方法において,自然的・文化的景観の空間構造と根底にあるプロセスを関連させ,世界を再構築しようとするものなのである.またそれは,景観の本質と地理学の本質をとらえる方向に向かっている.

未来を共有するか道を分かつか？

　この章で強調された相互依存性にもかかわらず,全体としての地理学の学問分野が,あるジレンマに直面していることは,自然地理学及び人文地理学の近年の歴史と現在の実践からも明らかである.自然地理学と人文地理学が共有する過去と一般概念は,お互いを結びつけるものである.その一方で,第2章と第3章でそれぞれ強調した主題と取り組みの間に存在する差異は分離を示唆し,そして少なくとも別々の発展の始まりを示唆するものである.

　社会科学的伝統に属するものとして記述される人文地理学の観点と自然地理学の観点の間での共通点は最も明らかである.人文科学の伝統の中にある人文地理学の観点を,自然地理学の自然科学的伝統を伴う単一の知的フレームワークの中に収めることはより難しいということである.しかしながら,このことは自然地理学がいまだに統合地理学の中核における重要な役割を持っているという事実を損なうものではない.今日,地理学者が直面しているおそらく主要なチャレンジであるジレンマは,全体としての地理学という学問が結合できるのかどうか,それをいかに実現するか,ということである.このテーマは本書の最後2つの章において再び取り上げる.

第5章

地理学者の研究法

　この章では，方法と応用に関する地理学の視点に目を向け，2つの主要な質問に答えようとする．第一に，地理学者が世界を理解可能とするために必要な技能とは何であるのか，換言すれば，地理学業界の道具とは何であるのか，ということである．第二の問題は，地理学による社会への貢献は重要なものなのか，ということにある．

地理学の要となる方法と技能

　歴史を通して，地理学は経験的学問分野として認められてきており，応用地理学の実践はかなりの反響を持ち続けている．さまざまな点で，これらの性質は必然的なものであった．地理学は，冒険と発見とデータの丁寧な記録としての地図と共に始まったのであり，地図は幅広い人類の好奇心を満たすために不可欠な道具であった．地理学は，地域と場所の目録編集，言い換えれば，地球表面の多くの知識に関する基本的構成要素の編集を行うことで発展した．地球上の別々の場所に影響を与える異なる要因の組み合わせの比較を行うような，いわゆる「比較研究法」は，しばしば，より深い理解を達成する第一歩であった．

　それは，空間，場所，環境の管理者としての役割へ向かう小さな一歩だった．地形，気候，生物，土壌の分類と地図化は，自然環境変化と人為的影響の科学的理解のためだけでなく，資源開発や保全，人為的影響の緩和という応用分野に地理学的基礎を提供し，今

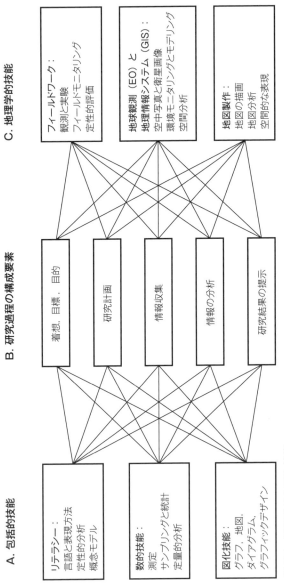

図20. 地理学の主要な技能.
(A) 包括的な技能と (C) 専門的な地理学的技能が,(B) 研究過程の構成要素と関連して示されている.

なお多くの関連分野の基盤となっている．イギリスにおける初期の土地利用調査は，町あるいは国全体の計画動向に対して主要な地理学者の貢献を予兆するものであった．宗主国による開発途上国の開発と改善という試みは，資源に対する知識と理解にかかっていた．

教師としての地理学者は，住む世界の性質，すなわちその自然的秩序と文化の多様性を子どもや大人に伝えている．これらは有用な技能であるが，我々はこうした技能をどのように定義し，現代地理学においてその発展はどのようにたどるのであろうか．多くのように持ちこたえてきたものもあれば，重要性を減じたものもある．おそらくより重要なことは，地理学の領域の中に常に新しい技術が出現し，居座ってきたことである（図20）．

フィールドワーク

フィールドワークは，確認すべき最初の有用な技能である．それは，依然として広く研究ツールとして実践され，学問分野の本質的構成要素として，地理学カリキュラムの中で教えられている．その起源は，探検という伝統にある．勇敢な探検家がジャングルに分け入り，砂漠を横断し，川に橋をかけ，まさに世界を進んでいったとき，フィールドワーク技能を実践し，習得していった．彼らは直接情報を集め，見たままの景観と民族を観察し，地形や生物種を分類し，海岸線や山の標高を測っていった．今まで知られていなかった地域や場所を探査するとき，彼らにはいくつかの役割を担っていた．多くの場合において，彼らは発見や富，植民地という見方を持った西ヨーロッパ人であり，このような見方が提出した報告書やそれらから展開される方針に影響を及ぼすことになった．しかし，フィールドワークの実践者でもあったのだった．彼らが遠い地域や場所，そこに居住する民族や文化に関する情報を提供し，世界の姿が確立されていった．その姿は時間と共に洗練されていき，多くの

人々にも広められた．フィールドワークの副産物の1つは，地球表面とその特徴に関する固有の地理的描写である地図であった．それは別個に考察する価値のあるテーマである．

フィールドワークは地理学の実践において必須条件となった．つまりフィールドワークは学問分野が開発される諸方法へと広がった．1948年にイギリスの自然地理学者の第一人者がこう述べている．

> フィールドはひらめきと着想の一次資料であり，我々の主題となる問題や方法の大部分に影響を与えるのだ．
>
> S. W. Wooldridge,
> *The Spirit and Significance of Fieldwork*（1948）

地形学者は，地球表面に働いている主要な作用，特に流水や氷，風によって生み出される地形を注意深く研究した．水文学者が川の営力とその景観への影響に重点を置く一方，生物地理学者は地球の広大な植生構造とそれらがつくられる植物群落を検討した．自然地理学のフィールドワークは，しばしば傾斜角や流速，土質のようなものの測定や表層物質の年代測定を含み，それらすべてが慎重に考え抜かれた計画に従ってサンプリングされた．このフィールドワークは多くのデータといくつかの分析的結果を生み出し，特定の仮説を検証するために調整された．測定は，侵食や堆積のような地表プロセス作用の現在の速度の知識と理解をもたらし，環境変化の量的復元へつながった．

地球表面に見つかる自然景観の固有の形態に関する詳細な説明がある一方で，多くの理論とモデルも存在した．「侵食輪廻」という着想は，景観が幼年期，壮年期，老年期という過程を通じて進行したことを示すものであり，初期のモデルの1つであった．より小さ

なスケールでは，花崗岩地域のトアの形成や砂漠で見つかる多くの奇妙な地形についての理論があった．気候学は，もう1つの良い例を提供しており，気温や降水のような重要な指標の綿密な記録が，世界の気候区分を可能とし，それは最終的に大気大循環や総観気候学，天気系に関連して理解された．

　自然地理学のフィールドワークに関する伝統的かつ新しい役割は，西地中海・マリョルカ島北海岸における第四紀環境変化の復元で示すことができる．カラ・デス・カンス（Cala d'es Cans）の海食崖侵食は，山岳地の比較的小さな集水域の排水をしているトレンテ・デス・ココ（Torrente d'es Coco）川谷口の扇状地堆積物をきる断面を露出させてきた（図21）．この例は，その景観がさらされてきた一連の事象を復元するために必要な野外記録を示している．フィールド調査は，堆積物と貝殻サンプルに対する数種類の室内分析によって補足され，この中には時間尺度を確定するOSL年代測定も含まれている．

　多様な地層断面は，変化の過程と気候変動を反映している．およそ14万年前，この地域は間氷期または著しい氷期と氷期の狭間にあり，現在の間氷期（完新世）より少し暖かい環境状態にあった．その初期の堆積物は風成砂であった．それは後に固結して砂丘層理のあるエアオリアナイトを形成した．これより上の断面は，全般的にはより冷涼で，変動する気候条件の中で形成された一連の層理である．この層は，河川流量に高い季節性を持つトレンテ・デス・カンス（Torrente d'es Cans）川によって堆積した淘汰の進んだ河川の礫と，土石流のような斜面プロセスによって堆積したあまり分級化されていない崩積堆積物を含んでいる．これらの物質は，逆に状態が今日より乾燥していた時期に侵食されたように見えるが，集水域内の斜面が不完全な植被のために侵食の影響を受けやすかったともとらえられる．また，この断面には埋没土壌（古土壌）がある．

年代	堆積物の特徴	地形に関する活動	植生被覆	気候の解釈
12,000	なし	急流によるガリーの掘り込み	人為的な減少	温暖湿潤
24,000	河成・崩積の礫や砂	斜面侵食、扇状地性堆積物	少ない(ステップ)	寒冷乾燥、強い季節性あり
60,000	レスや砂に起源の古土壌	土壌生成と地形の安定	多い(森林)	温暖湿潤
115,000	急流、河成礫層が主	斜面物質の侵食、扇状地性堆積物	大部分が少ない	寒冷乾燥、強い季節性あり
125,000	古土壌	地形の安定性	多い	温暖湿潤
130,000	砂や礫が主、海洋性の貝殻が存在	海浜堆積物(部分的)	多い	温暖湿潤
	砂丘層理をなすセメント(膠結)質砂(風成)	砂丘の風成堆積物	少ない	温暖乾燥、沿岸の風あり

図21. マリョルカ島北部海岸における第四紀堆積物の露頭．写真に示された主要な堆積層は，地形成過程や植生被覆，気候変化に関して特徴づけられ，解釈される．

それは，より活発な地形形成を妨げる完全な植被下にあり土壌発達を伴う，比較的安定した時期を意味している．大部分の層序は，実際，典型的氷期-間氷期サイクルを通して変化する地中海性気候を反映している．例外は，断面最上部にごく最近の堆積物がないことであり，これは，完新世以降，人間活動による斜面植生の後退と土壌侵食が進み，水流が扇状地を開析したためである．

フィールドワークは長い間，仮説検定やモデリング，理論発展の本質的な要素であり続け，その性質は変わっていない．とはいえ，研究課題のいくつかは変わってきたので，多くの測定技術は向上し，研究デザインはより洗練されるようになってきた．測定は環境モニタリングへと進化した．観察と記述の技法は今や復元や操作や実験を含むものとなっている．手作業によるフィールドワークは，情報技術や衛星遠隔探査ともはや不可分に結びついている．

フィールドワークの伝統は，人文地理学においても強いものであった．おそらく，最もはっきりした1つの主題は土地の占有にあり，それは結果として土地利用の記録へとつながった．1930年代にスタンプ（Dudley Stamp）によって組織されたイギリスの土地利用調査（Land Utilization Survey）は，これまでに行われた最大のフィールドワーク調査の1つであった．大部分が学生からなるボランティア「部隊」は，田園地帯に配置され，標準的な表象に従って土地利用分類をさまざまな角度から考えた．その結果が，土地利用図を製作するために照合された．同じことは，もう一度繰り返された．これは再び，1960年代に地理学者コールマン（Alice Coleman）によって行われた．都市地理学が展開したときも同様に，最初の方法はフィールドワークであった．都市の土地利用，建物形式，それらの建設日時や，人々と交通の流れ，人間行動のパターンに関する情報が集められた．このことから，都市成長や都市内の土地利用，都市形態の分類に関するモデルが展開された．1930年に

創立されたルプレー協会や当時の先駆的地理学者による支援についても言及すべきだろう．バルカン諸国をはじめとする遠征において，地理学的フィールドワークの本質すべてが具体化され，この精神は存続した．最後の例として，バークレー校のサウアー（Carl Sauer）により創始され，世界の多くの地域に広められた文化地理学派について言及すると，フィールドワークは常にその本質的要素の1つであった．その中で，耕種や灌漑方法，特定の建築様式かどうかといった文化景観の主要な指標を表現するために，フィールドスケッチは広く用いられていた．

系統的な人文地理学でのフィールドワークの相対的な重要度は，他のアプローチの高まりと共に低くなったが，それでも依然として不可欠な重要性を持っている．近年における人文地理学のフィールドワークは，自然地理学の場合よりも一層，急速に発展してきた．この進化は，アンケート調査や構造化されない詳細なインタビュー，フォーカスグループ，参与観察に至る実地方法の多様性と洗練度に反映されている．かつては取り上げられなかった女性生活を主題として研究する地理学者は，主要な情報源としてしばしば日記と手紙を利用してきた．たとえば，インドにおける植民地管理官の妻の書簡は，その社会での彼女らの役割や，故郷との疎遠さ，思いに関して考慮すべき見地を投げかけてきた．1900年頃にユタ州のパインバレーに住んでいたモルモン教女性の日記は，生活に関するコミュニティの質や限られた個人の私的空間，宗教的関与の強さを実証している．

特にこの種のフィールドワークには，重要な倫理的考慮が存在する．聞き手はインタビューされる人を敏感に理解する必要がある．つまり誘導や優占的などのような意見も避けなければならないし，道徳的な含みのある相互作用は慎重に検討されなければならない．言い換えれば，研究者は常に自分の立場を意識しなければならな

い．たとえば，立場が政治的，人種的あるいは性的であるかどうかにかかわらず，その観点が調査結果を解釈する仕方に影響するかもしれないという危険性が常に存在するのである．したがって，以下にアメリカ人地理学者により適切にまとめられているように，フィールドワークの地理学に対する現在の重要性は過小評価されてはならない．

> 私にとって，フィールドワークは地理学の核心である……．フィールドワークは，地球や地域，生活と文化の多様性に関する直接的経験を更新し，深めるものであり，世界に対する知識を測り知れないほど豊かにするものである．つまり，このことが地理学必須の探究と責任なのである……．フィールドワークなしでは，地理学は間接的な報告と書斎の分析となり，独創的な洞察，根拠，ローカルとグローバルな問題に対処する貢献，存在する理由との関係の多くを失ってしまうのだ．
>
> S. Stevens, 'Fieldwork as Commitment' (2001)

地図と図化技能

地図製作の伝統は，別の地理的技能を育てる結果となった．それは，リテラシーと数的技能とは対照的に「図化技能」に分類されてきた．地図製作は専門職であり，地理学科に所属する学生は，高いレベルの能力に向けた地図製作の原理と応用を教えられてきた．フィールドスケッチは，もう１つの例である．懸谷や蛇行システムのような自然の外観は，農業形態や都市計画が記録可能なように，明確にフィールドスケッチによって記録できる．気候や植生，水文，人口移動，小売業といった対象に関係なく，地理学者により用いられるデータの多くは，地図や図表あるいは他の形での視覚的かつ空間的な表現として図に表すことが可能である．

地図の中心的な役割は，地図投影法の科学や作図法，それらが持つ特性の中で，いくつかの教育を促してきたことにある．かつて地理学においては，異なる種類の地図投影法に関する相対的なメリットや平面に地球の曲面を描写する方法に関する「大論争」があった．メルカトル図法は正確に角度を表し，直線として磁針方向を示す性質がある．それは有用なナビゲーション用のツールとなるが，赤道から離れた地域はひどくゆがめられる．ハモンド最適正角図法は，ゆがみが現れ始める前に所定地域から全半球に至る完全に近い地図を生み出すように，角度と形の不正確な表現を最小化するものである．

　描写技能は研究と教育両方において重要であり，地理学という学問分野とその本質を表現するときに重要な意義を持つ．メンタルマップの出現は，以前から科学的技術であったものに質的な側面を導入した．人文主義地理学者は，人々が頭の中に持ち歩く地図に興味を持っていた．これらの地図は，しばしば精密さや詳細さ，技術的正確さを欠いていたが，それでも行動の重要な基準点であった．たとえば，高齢者の居住地近隣におけるメンタルマップは，より若くて機動性がある若者に比較して，非常に制限されて見えるかもしれない．図22は，サウスウェールズ州カーディフのテラス付集合住宅地域に住む都心部居住者とのインタビューから推論された2事例のメンタルマップを示している．図22（A）に関して，居住者には地点一覧（図中の点）が示され，それらが彼らにとっての近所であるかどうかを質問された．90%，60%，30%を示す3本の等値線は，合意の割合を示している．図22（B）では，居住者は近所の境界をあげるように質問されており，たとえば南の線路のような太線はより大きな同意を示している．黒丸は，特定名称を持つ地点を示している．同様に，人々は安全ではないとわかっている地域を避け，学校や地元店に行く経路を作図している．このような地図は，

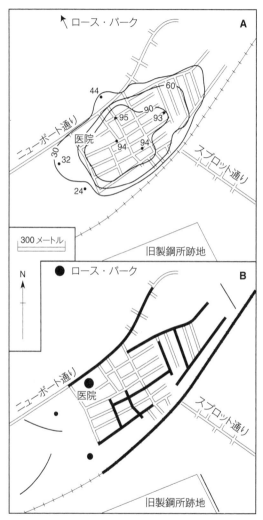

図 22. ウェールズのカーディフにあるインナーシティ付近のアダムスダウンのメンタルマップ.
(A) は,居住者が近隣という拡がりに同意する程度を示している.
(B) は,居住者がその境界の位置を決めている場所を指している.

伝統的な図化技能を持つ者によって，視覚的に描写することが可能である．

多くの人文地理学者が地図を使うのをやめ，理論やイデオロギー，政治的意識に重点を置いたとき，メンタルマップとメンタルイメージの利用は，さまざまな点で地図化へのわずかな連続性を提供するものであった．作図方法と意味の両方に関する地図の再検討が他の研究者らにより行われた．彼らは，地図とその重要な役割に対し適切な賛美を続けたが，重大な不正の危険性と遵守化，記号化の傾向，地図が組み込まれた政治経済とそれらの魅惑的性質に対してますます敏感になった．近年関心を持つ人々は，単に場所を表現するだけでなく，場所を創造するという地図の力を問題にしてきた．この見解においては，地図が現実に対して先行し，その創造的な能力があることを認めなければならない．このように，地図が除外したり，隠したりするものの重要性は，地図の中に含まれているものと同様に重要な場合がある．たとえば，1830年代に最初につくられた世界地図は，英国がグリニッジ子午線に沿った中央に据えられていたが，すべての英国植民地が赤く着色され，ベージュに塗られた他のすべての土地は，大英帝国の優位性すべてを描写する意味があった．細目と多様性は消され，象徴的地図が帝国行政官や植民地ロビイスト，移民者のために考案された．

地理学に対する地図の重要性のもう1つの側面は，情報時代におけるそれらの継続的な関連性にあり，特に地理情報システム（GIS）に関連している．地図は地理学的空間概念の明確な表現であり，世界を理解するための方法に対する明確な地理学的貢献とみなすことができる．

数的技能

地理学における「計量革命」は，数的方法や統計的方法，数学モ

デリングを含む明確な科学的アプローチの採用を専門領域に求めたので,「数的技能」はもう1つの必要な技術となった．自然地理学者はこれらの方法をすでに使用していたので，その直接的影響は人文地理学において最も大きかった．統計用語と一群の技術を含む新しい語彙が，全体として地理学に加わった．無作為抽出，相関関係，回帰，統計的有意検定，確率，多変量解析，シミュレーションといった言葉が，研究と学部教育の一部になった．相関関係と回帰は，それぞれ，2変数以上の関係の強さと構造を調べる手順である．有意検定は，それらの関係に置かれる信頼性を判断する．多変量解析は，多くの変数や要因分析を同時に行うことができ，多くの複雑な地理的データセットに適した研究方法である．シミュレーションはしばしば確率と関連し，将来の傾向を外挿したり，投影したりすることのできる一組の技術である．

　この変革は，学問分野に新しい思考と，質的記述（事例研究，個別あるいは独特なもの）から定量的測定（代表的標本や一般化し予測能力を持つ法則定立的な理論）への移行を余儀なくさせた．地理学者は，この新しい研究法とそれに関わるさまざまな専門知識レベルを持つ分析技術を採用した．その中には，統計学者やコンピュータプログラマー，数学者と対話できる者もいたが，その他は基礎的統計分析とデータ管理に多少精通した学生や実務家であった．

　一般に数的技能は，いかにして革新的方法により長年の地理的問題に取り組んでいるのか．特に多変量解析について，2004年にロレット（Barry Rolett）とダイアモンド（Jared Diamond）が行った太平洋諸島の森林伐採に影響を及ぼす要因の調査から興味深い実例を示そう．他の島が森林被覆を維持し存続し続けたのに対し，なぜイースター島やマンガレバ島のような太平洋の島々の社会が，ヨーロッパの植民地化以前に迂闊にも大規模森林伐採によって自己崩壊してしまったのか，という疑問を彼らは持った．疑いもなく民族

それぞれの文化的応答や環境に関する独特の感受性が存在していた。しかしながら、69の島で測定された9つの環境変数の比較や多変量解析は、森林の更新や持続性より、むしろ環境要因が森林伐採や最終的な社会崩壊への傾向を与えた、という鮮明な描写を可能にしたのだった。

　初期に訪れたヨーロッパ人の報告書から、農業や木材、燃料のための森林伐採の範囲が5つのスケールで定量化された。測定された環境変数には以下のものが含まれている。気候を通じて潜在的な森林の成長に影響を及ぼす降水量と緯度、養分の利用可能性に関連する島の年齢、火山灰降下物、風塵降下物、資源や近接性、その他の影響に多様性をもたらすいくつかの地形変数などである。解析によって明らかにされたこれらの変数とその相互作用の関係の強さは、イースター島の脆弱性が相対的に不利な気候や養分、地形の組み合わせに起因している可能性があることを示していた。その脆弱性が、そのような極端な影響を与えることなく他の多くの島々にコロニーをつくってきたポリネシア人に森林伐採の傾向をもたらしたのであった。言い換えれば、イースター島社会は、人々があまりにも将来の備えをしなかったために崩壊したのではなく、彼らが特に脆弱な環境を占有し、必要に応じた農業手法を適応させることができなかったか、もしくはするつもりがなかったために崩壊したのである。

　地理学へ一般的な技術として定量的方法を導入したことは、多くの反響を呼んだ。数値モデルの発達は特に重要だった。自然地理学においては、ディヴィスの侵食輪廻（第2章コラム①参照）のような記述モデルよりさらに強力な科学的方式を持つプロセス・モデルの発達をもたらした。人文地理学において、モデルは疑いなく乏しかった。しかしながら、地理以外に由来するものの、都市構造や成長モデルは、その説明にふさわしいものであった。可能性のある進

展として，ヘーゲルストランド（Torsten Hagerstrand）の拡散に関する研究があげられる．この研究は，時空間上に技術革新の展開を示すために洗練され，さらに平明な確率理論を使用している．図23はスウェーデン郊外における彼の初期の研究例を示しており，農民による助成金の経時的段階的受入れに関係するものである．図23（A）は，助成金源からの距離に基づいて確率得点が計算される格子であるシミュレーション・グリッドを示している．このグリッドは，図23（B）において実際の地域の上に置かれ，そこに3年後の助成金の実際の普及が示されている．このような空間的モデルは，病気の蔓延を分析するための疾病地理学や，系時的な人口移動パターンを示すための人口地理学でも利用されている．

現在，数値解析に対して関心を持ち続けている人文地理学者は少数のみであり，この状況を批判する人がいるのもおそらく事実である．

> 非常に多くの実務家が，分布パターンやプロセスについての堅牢で妥当な一般化の追求から退いてきたとすれば，それにより地理学はまさに自らの道を見失っている．
>
> P. A. Longley and M. J. Barnsley,
> 'The Potential of Geographical Information Systems'
> (2004)

しかし，数的技術が新しい住処を見つけ，進出している地理学の分野がある．それは地理情報システム（GIS）という科学である．

地理情報システム（GIS）

地理情報システム科学は，地理学分野における主要な現代的スキ

A シミュレーション・グリッド（方眼）

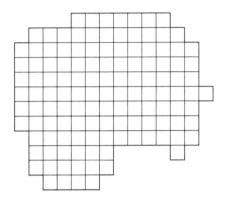

B 3年後の拡散

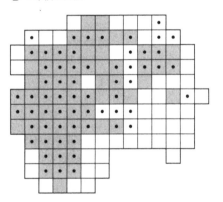

- 農民への実際の補助金の受給
- 予測された受給

図23．空間拡散モデル．
(A) は，スウェーデンの研究対象地域を覆うシミュレーション・グリッド．
(B) は，3年後における実際の補助金の受給と予測された受給．

ルである．それは，多様性を増しながら定量的空間分析を結合させた多様な形式を持つ高度な地図製作へと発達してきた．GIS データは，地球表面に見られる現象のデジタル表現から成る．これらは地形，場の境界，植生型，建物などの地理的座標を持つ一群の事物である．一旦このデータが集められれば，たとえば MapInfo のような GIS ソフトウェアにより分析と解釈が可能となる．GIS 科学は明確で発展途上にある一組の科学的原理，実践，理論を有しており，その方法は非常に重要な応用となることがわかってきた．GIS の設備とサービスの世界の売上高は 70 億ドルを超えており，地方自治体や警察のような公共サービスや，金融サービス，小売業のような多くの民間部門に市場を見出している．GIS の応用は中心課題であり，都市成長や土地利用変化のような地理学における長年の研究課題や，同様に犯罪プロファイリングのようなより新しい挑戦に取り組んでいる．多くの警察は通常，犯罪プロファイリングに関する GIS 分析への第一歩として，たとえば強盗や殺人のような犯罪事象に位置コードを加えている．図 24 に示される人文地理学における例は，GIS が異なる方法でデータ提示可能なことを示している．この世界地図は，国民総生産（GDP）に基づくさまざまな富の分配を示している．各国の面積は，相対的な富を反映するように歪められている．アメリカやほとんどのヨーロッパ諸国が非常に誇張された大きさを持つのに対し，アフリカとラテンアメリカの諸国は最小にされている．

　GIS は，地球観測（Earth Observation: EO，衛星遠隔探査の別の用語）というパートナーを持つ二元性の中の 1 つである．EO は，観測器やセンサーのセット，航空機または衛星といった運搬体，遠い場所から地球表面についての情報を集めるのに利用されるデータ処理技術から成る．EO は，GIS の重要なデータソースと連結した機能を提供している．その機能は，現実世界において今や当

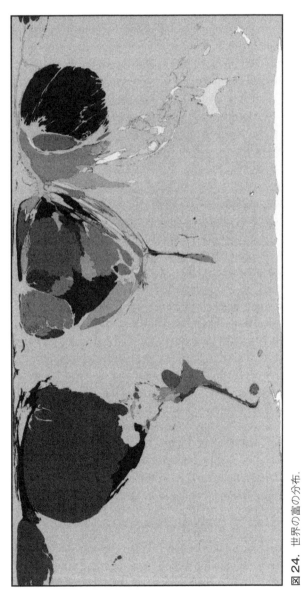

図24. 世界の富の分布.
GISの活用. それぞれの国の面積は, 先進国や発展途上国の間の全体の格差を強調した国内総生産 (GDP) に比例している. Worldmapper (http://www.worldmapper.org) による.

然のことと思われている非常に多くのアプリケーションとして浸透している．車の衛星ナビゲーションや，人気が上昇しているグーグルアース（インターネット上で利用できる利用可能な衛星画像セット）は日常的利用の一例である．要求の高い科学的なレベルにおいて，広域的もしくは遠隔地におけるグローバルな環境変化を調べるために，その技術は理想的なものである．気候変化，極地における氷河や海氷の縮小，アフリカ・サハラ以南の砂漠化の拡大，アメリカ中西部の土壌劣化，アマゾン川流域の熱帯多雨林の森林開拓に関して，目を見張るほどの重要な応用分野を提供している．

　ここ数十年間にわたるアラル海の乾燥は，環境変化を監視する衛星の画像利用の特筆すべき例を提供している（図25）．1960年には，アラル海は，フランス，ドイツ，スペイン，イギリスを合わせた地域に等しい面積を持つ世界で4番目に大きな陸水であった．この乾燥を導いたのは，1976〜1988年に特に拡大が進んだ灌漑農業のためのアムダリヤ川およびシルダリヤ川からの誤った揚水管理にあった．アラル海の乾燥は，地下水面の低下，塩類化，塩性（塩耐性の）植物の拡大，露出した水底の風食，塩・砂じん嵐による周囲の陸地への風成堆積を導いた．アラル海流域の広域的砂漠化に寄与する他の波及効果は，灌漑による湛水と二次的な塩類化，綿生産に使用される有害化学物質による土壌，地下水，河川およびアラル海自体の汚染を含むものである．アラル海の事例は，人間活動によって引き起こされる「忍び寄る環境問題」の典型例であり，最終的には「環境災害」や影響地域からの集団移民という結果を導くものである．1997年以降に限っていえば，アラル海の北部（いわゆる小アラル海）は部分的には逆傾向にあったが，大アラル海は不可逆的な過程かもしれない．

　EOの先駆けである空中写真が，長期にわたって地理学研究および地理カリキュラムの中で存在感を持っていたことを知る価値はあ

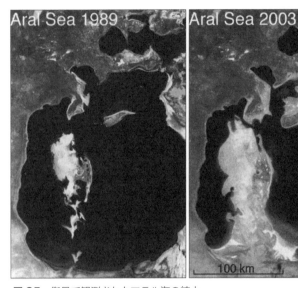

図 25. 衛星で観測されたアラル海の縮小.
(左) 1989 年 7〜9 月撮影, Landsat (500 m 分解能).
(右) 2003 年 8 月撮影, Aqua MODIS (500 m 分解能).

るが,新しいシステムと衛星画像の力は新しい局面へと我々を向かわせてきた.GIS と EO は技術的な性格が強く,その周辺技術は強力なモデルやデータ分析プロセス,解釈方法を展開してきた.GIS と EO は共に効果的な情報収集手段であり,この情報の価値は,優れた判読によって最も効果的利用が図られたときにのみ認識されるものである.

地理学的観点で行われる世界最大のミーティングが,地理学研究者ではなく民間 GIS 会社の環境システム研究所(ESRI)によって開催されている点に注目することは有益である.GIS と EO 分野の所有権は,地理学の学問分野外の専門組織,具体的には政府関係機関や大学工学部に移行する恐れがある.さまざまな点において,このことは,サクセス・ストーリーの好ましい徴候であり,地理学は

巨大になりつつあるこの事業を独占することはない．重要なことは，地理学の学問分野の中に必ず属する GIS と EO の明確な存在というものを保持することにある．しかしながら，科学としての地理学的発想に対する挑戦が無かった計量革命時代以降，そのような急進的変化を経験してきた学問分野では，GIS と EO はいささか居心地のよくないことを認めなければならない．

リテラシー

　おそらく，地理学者に期待される最終的な技能は，「リテラシー」である．常にそこに前提があり，すべての地理学学生の心に深く留められてきた「本，作業台，長靴」という3つの中に存在してきた．「作業台」は，実習指導や実用的な授業，地図製作・統計的技能の重要性を強調し，「長靴」はフィールドワークの重要性と一般にその「フィールド」に原点があることを繰り返し力説し，「本」は主題に関する文献を十分理解し，自身で書くことができるという必須の要求を学生に思い起させるものである．教養課程はすべての学術的分野の基本となっており，地理学者の特殊技能に入れることを主張するわけではない．同様に，数的技能は経済学や心理学のような社会科学で広く用いられている．近年変化してきたこと，そして新しい文化地理学の台頭と明確に関連づけられるのは，地理学者，特に人文地理学者が，それまでの経験を越えて，文学の領域に引き込まれ，精通することを期待されているということである．

　ある程度，これは研究新領域を推し進めるものとして期待され，新しい文化地理学と共に，新しい局面が成立してきた．批判理論やポストモダニズム，ポスト構造主義は，科学の価値観をはるかに越えたそれ自体の文学の価値観の中に地理学者を引き込んできた．このことは肯定的な趨勢には違いないが，地理学者が理解できる文学

の総量という問題を避けてはいないか？　それらはより広い分野に拡大するのか，あるいはより焦点がしぼられた専門分野としての適所を得るのであろうか？　ハーヴェイ（David Harvey）は，「地理学の可能性と成すべきことに関する主要な外部対談者の一群」の中に，新しい思想家や理論家，理論を継続的に取り込むことに懐疑的である．

　これらの趨勢から引き出されるべき，さらなる技能が存在している．新しい資料は，文化およびメディア研究という新興分野と共有されている．つまり，現代社会はこれらの分野の技能と認識に期待し，その研究主題の多くは強い共有性を持っている．ポスターや広告板の好みを通して描写される「テクスト」から「読解」しうる景観と社会における心象や方法について効果的に記述したボードリヤール（Jean Baudrillard）の研究や，符号や図像，記号論研究に焦点を当てたソシュール（Ferdinand de Saussure）とデリダ（Jacques Derrida）の研究は，フランス知識人からの「輸入」例である．言説分析と非表象理論（第3章コラム⑦⑧参照）に対する関心の広がりは，新しい局面を加えている．

　解釈のための新しい「分野」は，映画や芸術作品，音楽，ダンス，演劇といった我々が生きる社会に関するメッセージを伝えるすべてを含んでいる．イギリスの地理学者ワットモア（Sarah Whatmore）が批評してきたように，世界は多くの声を通して語り，そして，我々は口頭と書面による言葉にあまりにも多くを依存しているかもしれない．ディケンズ（Dickens）やスタインベック（Steinbeck）のような小説家はフィクション小説を書いているが，彼らの本は話が設定されている現代社会や場所に光を投じている．ルノアール（Renoir）やレンブラント（Rembrandt）のような画家は，描写するために選んだり，時には依頼されたりした，ヨーロッパ社会の一断片から人々と背景の描写を遺している．ダンスと演劇

は世界中で多様であり，それらがある文化的環境に関するメッセージを伝えているし，「ブルース」のような音楽はきわめて特定の背景から出現している．この文芸すべてと研究「方向」が人文地理学者の技能を増加させ，少なくとも，存在する情報と多様な理論の情報源に関する認識を増やしている．自然地理学者は，このますます多様となる文芸に近づく必要はなかったが，特に共同プロジェクトに関係する中で，その重要性の認識が広がってきている．

応用地理学

応用地理学は，経験的伝統の重要性と現実世界の問題に対する関連を示している．特に若干の人文地理学領域では，この伝統と応用地理学の主題が見捨てられてきたか，少なくともより目立たない位置へと追いやられてきた．それでも，用語としての応用地理学は，我々が区別し調査してきた多くの技能をとりまとめ，実践的な今日性の機会を提供している．それ以上に，理論展開もしくは応用のいずれかに傾倒することは，実際には選択肢ではなく，それらの間の相乗効果が存在している．危急時の実務としてその相乗効果は無視されるが，現実には重要な貢献をし続けている．

応用地理学は，現実世界における問題と争点に対処する既得技術や知識の利用を含んでいる．それは，いくつかの形式をとっている．

・政策立案とその研究課題の設定に対する情報として

　国際調査機関と開発実務が関わりあうことは重要であり，広汎にわたる政策に対する研究と影響に関する結果と共に，この契約は政府と非政府組織（NGO）を通じて行われる．外部から規定された課題に対して単に責任を果たすという機会ではなく，第一に課題を具体化することを助ける機会でもある．たとえば，マレ

ーシア・サバ地区のダナン研究センターは,熱帯における森林伐採の原因と影響を監視している.アジアにおける最近の津波の経験やカリブ海のハリケーン,イギリスの洪水は,より強い自覚と早期警戒システム,予防対策の必要性を刺激してきた.

・**重要な委員会と特別調査委員会に対する地理学者の直接的な参加として**

地理学者が公的あるいは私的領域における重要な委員会メンバーであれば,研究課題を策定する能力はかなり強化される.政府への顧問的役割や最前線の特別調査委員会に対する主要な役割は,特に影響力がある.イギリスの地理学者ホール(Sir Peter Hall)は,都市政策の発展に強い影響を持ってきた.彼は,首相の都市特別委員会において,南東イングランド地域計画委員会に服務し,イギリスの幹線道路開発の顧問であった.彼は1991〜1994年の間,環境大臣付きの特別顧問を務め,都市政策に関してアメリカ議会で証言もしてきた.さらに,世界中で採用されてきた企業誘致地区概念の創始者とされている.企業誘致地区は,指定地域において民間の経済発展を促進するように設計された.この「地区」内で,投資会社は税優遇と計画規制緩和を享受した.別のレベルで,国立公園委員会やスポーツ審議会,犯罪防止パネルのようなイギリスの公共団体に対する優れた地理学者の関与記録を残している.

・**主要な世界的あるいは地域的問題に取り組むための学際的チームの一員として**

地球温暖化や環境変化のような問題を理解し,取り組むための科学に着目する必要性に,政府は次第に気づいてきた.地理学者はこれらの主要プロジェクトに存在を得る必要があり,この文脈における成功のための十分な根拠が存在している.グリーンランドや南極氷床の現在および将来の変化を理解することに専念する

グループは地理学者を必要としているし，最近 1,000 年間の環境変化や持続可能性のような重要な問題を調査するために資金を提供している主要なヨーロッパ共同事業体の多くが地理学者を必要としている．

・現代的問題に対処し，解決案を提示するための特定契約またはコンサルタント業として

　地理学者が実証研究業務を担当する単発の企画というものもこれまでにはたくさんある．これらは，助成評議会や民間部門によって支援されることもある．商業立地や市場決定あるいは消費者行動の有無といった小売変化の研究が一例である．最適立地計画は，空港，港湾，病院や公共事業の範囲を包含している．この種の応用地理学は，研究の最前線となることは多くないが，実用的価値を持っている．

・別の概念的目的を持つが，その実用的応用から現れる研究の副産物として

　これは応用地理学の最も一般的な起点であり，最も多様である．いわゆる「ブルー・スカイ」（あらかじめ予見される直接的応用のない）研究は，後になって応用を生む可能性のある，根拠に基づく副業への興味を刺激するかもしれない．言説分析と非表象理論に対する人文地理学の推進力は，時にあいまいであるが，その主要な目的は，我々が生きる社会のより良い理解を成し遂げることにある．歴史地理学は，しばしば，意図的あるいは無意識に，現代的問題に光を投じるさまざまな方法において，過去を調査している．標準的な中流階級の社会秩序を維持するため，20世紀前半にスイスの都市への若者の移住者（特に女性）が制限されたが，そのような方法は現代の移民に関するいくらかの影響を持っている（コラム⑨参照）．同様に，女性労働集団をかつて抱えていたシンガポールの地区，いわゆる「デス・ハウス」に関す

【コラム⑨】ヨーロッパ都市への女性移住者

19世紀の終わりから20世紀初頭の間,ヨーロッパ都市への若い女性の移住を,中流階級社会の構成メンバーは問題視していた.セクシュアリティやジェンダーを制御する彼らの倫理観に基づく不安があった.都市は,不道徳な目的のための女性売買に利用される危険な場所であるとみなされており,認識されたこの脅威に対抗するために協会が設立された.「国際女子支援協会(The International Association of Friends of Young Women)」は1877年にスイスに設立され,結果,3万5,000人の若い女性を助けたとされている.活動はスイスに限定されず,たとえばベルリンでは8万人以上の女性が援助を受けた.駅は新しい生活への入口として重要な役割を持つものとされ,新しい移住者へ助言を与えたり,助けたりするために駅員がガイドに任じられた.中流階級の道徳的姿勢は,キリスト教,母性,利他主義を中心に展開され,これらは,行動規範と社会秩序を維持する標準的手段の1つとして実践された.

る心霊遺産の研究は,イメージがいかにして現代都市に残り,どのように地区のみなされ方に影響を与えたのかを示している(コラム⑩参照).これらの例は,現実世界に触れ,提案に適切な何かを持つ地理学の研究がいかに多いかを示している.

上述したタイプの応用地理学は,このカテゴリーに含まれる活動に簡潔な説明を与えている.より完全な例は自然災害研究によって提示されるのだが,自然地理学と人文地理学の両方を包含するこのようなテーマは,地理学内の1つの統合的例を提供し,また地球物理学者,エンジニア,心理学者および情報専門家らの技術ともつながる学際的なものである.地理学のその確立した存在は,方法と着想の必然的統合体を示している.

自然災害は2つの主要素を持っており,それらは突然大規模に生

【コラム⑩】シンガポールにおける霊的な地理学

　シンガポールの都市景観の一部分には，非常に珍しいことに，長い間手入れされないままの空き地がある．そこは，空間の効率的な利用と秩序があることで知られる都市において，2006 年までずっと除外された場所だった．その場所には，安い労働力を供給するために中国の広東省から女性出稼ぎ労働者が流入したという歴史があった．彼女たちは，「デス・ハウス」と呼ばれるようになったものに居住していた．そのように呼ばれたのは，墓地が集まり，その地区の女性や多くの老人の生活状態によるものであった．建物は 1969 年にブルドーザーで排除されたが，この地の開発を躊躇させたのは，埋葬地と霊の出現という遺産を反映してのことだった．シンガポールの景観には浸透する死や霊の出現という，より一般的な問題が存在し，墓の除却と移動計画との関係が依然として中心にある．死者への供物がいまだ都市の多くの場所に見られ，霊への畏怖は，開発と財産価値の両方に影響を及ぼしうる．この特定の敷地は，過去の遺産がいまだに近代都市に影響を及ぼす，いささか陰鬱な景観であり，都市の傷のままである．シンガポールのハングリー・ゴースト・フェスティバルは，都市空間の利用を争う側面に抗議している．

じる自然現象とそのプロセス，そして影響地域に置かれた人々の脆弱さである．自然現象は，地震，火山噴火，洪水，暴風や地滑りを含むものである．この出来事が人々または資産に影響を及ぼすならば自然災害になる．たとえば，1964 年のアラスカ大地震は 2,900 万 m^3 の岩石を移動させ，最高 180 km の時速で，シャーマンバレーを滑り落ちたが，人々に影響を及ぼさなかった．対照的に，1966 年のウェールズにおけるアベルヴァン地滑りは，その 1% の体積，20 分の 1 の速度，12 分の 1 の距離であったが，144 人の命を奪った．後者は，大惨事となる自然災害であった．およそ 23 万人の命を奪った 2004 年のインド洋津波や，1,836 人の人命を奪い，ニュー

オリンズの80％を水没させたと言われる2005年のハリケーン・カトリーナのように，我々は不安定な地球に暮らしている．

　自然災害を研究する自然・人文地理学者の役割は異なっているが，相補的である．自然地理学者は，実際の自然現象を理解し，モニター，予測する必要がある．一方，人文地理学者はいかに自然災害の危険性が察知され，それが意志決定と行動に影響を与えたかどうかを理解する必要がある．スリランカ津波後の研究は，再発の不安がどのように安全対策の範囲を決める政策ツールになってきたのかを示している．安全対策の範囲は，場所によって異なる対策に対して不満を生じてきた緩衝地帯を含んでいる．予防措置と緩和方策を設定する必要があり，これらは危険に関する空間特性の明確な認識を必要とする区画規制を含んでいるので，地域住民との協議と協力が重要である．

　応用地理学の介在が，一律に成功してきたわけではない．火山噴火または地震のような自然現象は監視できるが，予測は決して正確な科学でなく，誤差は大きい．たとえどのようなアドバイスがされても，人々は氾濫原に家を建て，そして火山近くの定住地に戻るという人間行動の経験がある．人間の反応において緊急事態が不足するのは，予測できる自然現象の不正確さにある程度起因するかもしれないが，それは文化的規準や政治的文脈，対象にすべき行動パターンからも生じる．自然地理学者や人文地理学者が，共に災害研究に関与することは明らかに必要であるが，自然地理学者は科学という同じ考え方をする地球物理学者や技術者とより快適に研究しているという証拠がある．現象が科学的に理解されているときでさえ，兆候をうまく伝えられていないところでは，自然災害が依然として起こるという証拠もある．1985年のネバド・デル・ルイス火山噴火では，ほぼ完全な災害評価と慎重なモニタリングがあったが，2万3,000人あまりが泥流で命を落とした．危険にさらされている者

に対し，十分な明確さで危険性を知らせることを怠ったのである．洪水に関する研究から発展したホワイト（Gilbert White）の古典モデルは，自然現象，人文的脆弱性，人文的帰結という3つの段階で動いている．ある代替モデルは，危険にさらされた住民が自然災害を定義するという背景において，第1段階として人文的脆弱さを置くことにある．

　自然災害研究はよく確立されている．その研究は，地球温暖化時代における氾濫原や現在の沿岸浸水を含む多くの状況に対して重要な貢献をしてきた．自然・社会科学両方が果たすべき重要な役割の中で，学際的な文脈において地理学的技能を適用することが，地理学の必要性を示す非常に明確な例示である．

第6章

地理学の現在と将来

　前世紀の初期の探検家や地図職人，地誌学者や20世紀後期の計量地理学者やマルクス主義地理学者でさえ，地理学の現代的実践には馴染みのないものが多いだろう．疑いなく多くの中心的な重要性は残っているが，現代的な研究方法は構想力を混乱させ，特に人文地理学にいくつか新しく追加されたものは，それらを否定するだろう．もちろん，さまざまな点で，それは予想されることである．すべての学問分野はやがて前進し，その過程で変化する．

　進行中の動向を吟味することにより，地理学がとっている最も新しい方向性を考え，現在の状況を再検討し，将来を考えることが可能となる．この最終章は2つの部分からなっている．はじめに，地理学における革新的現代研究，すなわち推進力を強調するような研究のかなり詳細な例示を行う．2番目に，「将来の地理学に関するマニフェスト」の中に，次にあげる2つの主要な課題への答えを探す．すなわち，(1) 地理学は統一的学問として現在何処に立脚しているのか，(2) その統一性は直面する多様性の増大と継続的な変化の中で，生き残ることができるのか，ということである．

地理学の現代的側面

　地理学は多くの現代的側面を持っており，そのいくつかは，驚くべき，予期されざるものである．この最終章では，これらを例証する寸描から始め，人文地理学と自然地理学からそれぞれ2つの事例

を取り上げる．

犯罪地理学

　世界で最も悪名高い犯罪者の一人の顔を，まさか地理学の本の挿絵（図26）で見ることになるとは思わなかったろうが，ここ20年の間に，犯罪の地理学，あるいは「環境犯罪学」として知られるものへの関心が高まっている．その研究はしばしば空間分布から始まる．つまり，空間に犯罪の明確な集中があり，多数の犯罪事象と多くの知られた犯罪者居住地の両方によって特徴づけられる犯罪地域が存在するのである．1920年代から1930年代にカポネ（Al Capone）が成功したシカゴは，この種の研究と区域と傾度といった空間的記述項目に関する初期の実験場となり，不法地域がこれらの研究から明らかとなった．シカゴは，明確なギャングの縄張りに分けられ，しばしば少数民族からなる異なるグループが，特に「禁酒法」時代に支配してきた場所だった．犯罪や犯罪者は，一方では環境上の機会もしくは攻撃対象の中で整列され，他方では地域の社会的状況に整列されるという異なる配置を持つことが間もなく明らかとなったので，空間分布は単に出発点であった．貧困と欠乏，多くの犯罪にはつながりがある．つまり，暴力犯罪は，群集と娯楽という場所を象徴し，一方，ホワイトカラー層と企業犯罪はそれとは異なる配置をする．都市地理学者は強盗のような特定の犯罪の原因を調査し，どの地区が最も影響されやすいかを示してきた．最も脆弱性の高い地域を特定するいくつかの仮説が存在する．

・「犯罪者-居住地」仮説は，多くの犯罪者が住む場所は影響されやすいことを示す（泥棒は，罪を犯すために遠くへは行かない傾向がある）．
・「境界領域」仮説は，地域境界が最も影響されやすいことを示

図 26. 1932 年 5 月のアル・カポネ．
11 年間の服役が決まり，ジョージア州アトランタの連邦刑務所へ向かう途中の様子．

第 6 章　地理学の現在と将来

す.
- 「地域社会的抑制」仮説は，強い場所への思いと社会的交流のある地域はあまり影響されないことを示す.
- 「地域変動性」仮説は，流動性が高く，雑多な居住地域が影響されやすいことを示す.

　これらはいくつかの証拠の利用が可能な仮説ではあるが，決定的なものはない．地域社会相互作用仮説は，「ネイバーフッド・ウォッチ（地域の目）」という方策と強く結びついている．それは防犯役員と協力した住民が，犯罪との戦いにおいて互いの建物に目を配る活動である.

　犯罪そのものと共に，犯罪への恐れの重要性に関する強力な証拠がある．年輩者や幼児をつれた女性といった弱者と呼ばれる人々は，しばしば街の特定の地域で行動することを嫌がり，また日没後の空き地のような場所を避ける．犯罪の地理的配置の形成に対する警察の役割を検討するために，研究が進められてきた．サンフランシスコの犯罪多発地域に関する有名な研究は，経時的な犯罪地域の空間変化は，犯罪者自体よりもむしろ，行動規則を変化させることにおいて警察と刑事司法制度の産物であることを示した．警察は，彼らが働く街のメンタルマップを携行し，メンタルマップは警備体制や犯罪に対する対応に影響を与えうる．問題となる地所は，そこに住む人々および，住居を割り当て，標準化し，規則を適用する管理者と機関両方の産物である.

　そのような犯罪の地理的配置は，それ自身地理学のさまざまな手法による解釈の対象となる．たとえば，空間分析による手法は，地図を描き，相互に関連させるだろう．また，マルクス主義者は，富と機会の不均一な分配がそもそも犯罪を形成することについて関心を持つだろう．さらに行動地理学者は，強盗が従う意思決定過程

や，標的となる都市における彼らが持つメンタルマップを研究するかもしれない．ポストモダニズム的な取り組みは，第一に異常者として行動に烙印を押す刑事司法制度の会話に異議を唱えるだろう．つまり，犯罪というものはある社会的定義なのである．地理学はまた犯罪に対処することにおいて，実践的な価値を持つ．大部分の警察は GIS を利用し，犯罪と犯行現場の地図を製作している．犯罪心理学者は，セントログラフィー分析のような基礎的な技術を使用してきた．この分析は，連続犯罪があるかもしれない場所を描き出すために，犯罪が起こる場所を一般化するものである．これは，新旧の方法と知的伝統の両方が，新鮮でこれまでと異なる主題領域にも適用されてきたという地理学の1つの現代的側面である．

文学と映像における地理学的意義

2つ目の寸描は，人文地理学の主題を支える意義の変化を明示するために用いうる．小説の舞台となった場所を洞察する手段として，小説作品を用いるという周知の試みがある．たとえば，ディケンズ（Charles Dickens）は，鮮明な物の見方でロンドンという地区を読み，人々の社会状況について大いに語っており，また，オースティン（Jane Austen）は，18世紀末における上品な地方上流階級の家族の生活様式を描いている．さらに，シンクレア（Upton Sinclair）は，19世紀初頭にシカゴの貧しい人々が住んだ驚くばかりの様相を描写した．同様に，美術作品は景観に対する考え方を解釈するために用いられる．イギリス田園地帯のコンスタブル（Constable）の絵画は，静けさと連続性を表現し，またモネ（Monet）のような印象派は，彼らが住み，あるいは過ごした田園と海辺といった環境の中に，フランス社会の有閑階級を表現した．この種の情報源は，常に注意して用いられてきた．たとえば，小説は架空の作品であり，作者は真実に忠実であることには必ずしも束縛されな

い.ポストモダニズムは,単に文学だけでなく歴史叙述にも適用され,より批判的な見方を広げる.重要なのは,すべての「事実」が現実と言うわけではないが,それは作家と作家が抱く価値に比較してみなければならないということである.たとえば,オースティンは,彼女が描いた社会階層に属している.つまり世界のほかの地域と社会に関する知識は,厳密に制限されている.

社会と場所を説明する手段として映像への関心もあり,この例においてイギリスの地理学者クラーク (David Clarke) は,批判理論への関心と彼の解釈を密接に織り交ぜている.どのように映像が機能するか理解するために不可欠なレンズとして,彼は理論的姿勢を理解する.ケイラー (Patrick Keiller) の『未来都市 (*The City of the Future*)』は冒険映画だが,その中で,ナレーターになるある人物が,1904 年に『英国と英国人 (*England and the English*)』という本を書いたドイツ人ピータース (Karl Peters) 博士という歴史上の人物を捜すために時間を旅する.東アフリカの植民地でドイツのために働くピータースは,コンラッド (Joseph Conrad) の小説『闇の奥 (*Heart of Darkness*)』内のカーツ (Kurtz) という登場人物に関する何らかの刺激によって検討された.『未来都市』の構想というものは,第一次世界大戦のような災難を避けるために,時間旅行者が英国周辺の旅行の中でピータースを妨害し,それによって歴史の流れを変えるというものだった.

映画の中で使われている映像は,親しみある古い市街地や,過去の不思議さ,および今日的経験の新鮮さとの間の対比を行っている.時間旅行は,展開する道筋に対する物語装置として使われている.ケイラーは,英国が他のヨーロッパとの違いを確かなものとし,ロンドンに拠点を置く植民地資本主義というブランドを持つ,「特別な資本主義」であったという文脈をたどる.彼は,モダニズムのすべての期待に逆らう英国都市という構築環境が,他のものに

図 27. 1920 年代のオックスフォード通り．
この有名なロンドンの通りの基本的な外観や形態は，明確で，ある程度不変的なものである．とはいえ，人通りと技術の様子は別時代を物語る．

比べて非常にゆっくりと変わってきていることを示すために映像を使用している．過去の映像が，奇妙なほど見慣れたものであるが，それでも都市の環境の中にある他のすべてのものが，別の時代に属しているという事実に対する証拠となっている．見慣れた景観とその中に垣間見える見慣れない社会との間には，ある 1 つのコントラストが存在する（図 27）．「人間的な都市とそのユートピア的未来を共に失った社会と空間の間のある深い乖離」という得体の知れない効果（unheimlich effect）をケイラーは見ている．

『未来都市』は冒険物語として表現されている．しかし，その過去への旅は，未来を取り戻すための努力の中で過去を取り戻そうとする試みである．『未来都市』は，ある未来の損失の危機を避けるための解決策が過去におそらく見つけられるという信念に基づいて

第 6 章 地理学の現在と将来

いる．時間旅行者はピータースの捜索に失敗し，使命は果たされない．結局，我々が避けたい世界は我々の最も関わりのある世界であり，現実もしくは現実に起こったことを再創造もしくは再構築する使命は果たせない運命にあることを『未来都市』は結論としている．

映画は，映画製作者の志向性と世界観を探検する．それはロマン主義の影響の広がりを探求するように，批判理論とかみ合っている．ロマン主義の明確な特質は，存在がそれ自体に意味を与えるべきという主張としてみられる．しかし，ロマン主義の思い違いは，実際のところ他者（または彼らの活動を観察する人々）によって被験者の個性が形成される際に，被験者自身が個性をつくることが可能であるという信念にある．被験者が他者の観察を支配することはできない．つまり，それが他者の観察に役立っている．このことが，ケイラーの描きたい過去と未来の判断を損なうロマン主義派の教訓に対しての拠り所なのである．この寸描は，ラカン派精神分析からモダニズム批評の範囲までの文学と共にある人文地理学者の広汎な仕事を例証し，同時に，都市景観の特性やその中にある人々を扱っている．

上記の例は具体的で，特定の事例研究により例証される．人文地理学への多くの新しい取り組みは，より普遍的な目的を持ち，従来通り解釈への探求である．コラム⑪は，この最後のカテゴリーに分類される「ハイブリッド地理学」の発展に関する若干の総括となっている．ワットモア（Sarah Whatmore）は，この分野における自身の研究を以下のように述べている．すなわち，それは人々とその生きる世界の間にある関係に焦点を当て，これらの関係は，科学やガバナンス，日々の生活の行いの中で想像・実践される方法に情報を与える思考の空間的ハビタットに焦点を当てるものであると．

【コラム⑪】ハイブリッド地理学

　地理学において最も重要な問いの1つである自然と文化の関係が，イギリスの地理学者ワットモア（Sarah Whatmore）のハイブリッド地理学に関する研究に述べられている．中心となる議論は，自然と文化が正反対のものではなく，密接に相互に関係しているということである．これらの多様で深奥な関係は，主要な学術的問題や企業経営に関してよりもむしろ，愛情や技能，熱心さといった，異なって具現化される生命を調査することによって最も良く研究される．「世界的な生態系に関する政策は，ある普遍的な問題，つまり「我々」人類を限られた場所に投影するという世界的な見地よりも，必然的により複数であり，部分的である」．

　人間と非人間の関係に関するテーマは，その本を構成するいくつかの事例研究の中で追求される．「野生」の一節は，動物が自然の中で管理される方法に異を唱えるものである．野生または未開地という指定は，動物に役立ってきたように思われない．すなわち動物は，人間以外の興味よりむしろ人間に役立つ規則や野生動物管理のネットワークの中でとらえられている．ワットモアは，遺伝子組み換え食品（genetically modified: GM）の例において「食品不安」を，栽培者，供給者，消費者の間に存在する陳腐な信頼の産物としてみている．その嘆願は，農地から食卓にまで至る一連の決定の中で，科学として農業食料生産と消費を理解する人々のためにあるより強い声である．

氷河堤外地に関する地生態学的研究

　氷河堤外地は後退する氷河の前面の最近の退氷地帯である（図28）．氷河が最も拡大した「小氷期」以降，ほとんどの氷河は数世紀の間に徐々に後退し，徐々に発達し始めた新しい土地を露出させた．これらの特別な場所は，植生や土壌，地形や，他の観点による景観の展開を調査する機会を自然地理学者や他分野の研究者に提供している．氷河堤外地は，「自然の実験」が展開される野外実験室

として見ることができる．氷河の近くでは，新鮮な地表面が露出し，生命に欠ける．より離れたところでは，地表面はより長い期間露出しており，植物が群生し，土壌が発達し，斜面はより安定している．

　他のタイプの実験のように，氷河堤外地は少なくともいくつかの自然の複雑性が単純化されている状況を呈している．地生態系は比較的単純であり，その発達の歴史は短く，景観の空間スケールは管理可能なものであり，そして最も重要なのは，地形形成年代が知られているか，もしくは年代測定が可能なことである．この最後の観点は特に重要で，時代系列の概念を導いてきた．つまり，氷河前面からの距離が年代を表しており，それゆえに，景観の発展段階を表しているという考えである．言い換えると，空間は氷河堤外地の景観における時間の代わりとしてみなされる．このことが，少なくとも数世紀，別の言い方をすれば直接観察するか，変化をモニターするためには不可能なほど長い時間に渡り変化している景観の研究を可能としている．地表の氷河後退を正確に年代づけすることが，景観の正確な変化率という推論を可能とする（図28）．

　生物地理学者はこれらの景観を研究することから，植生について何を理解してきたのであろうか？　堤外地内もしくは堤外地における分布を調査することによって，歳月をかけた植生遷移の速度や軌跡が局地的生息地と地域環境の状態に関係づけられてきた．安定した状態（極相）に向かう1つの遷移過程という単純な理解は，標高や水分，積雪期間や，土壌の凍結攪乱というような環境勾配によって支配される異なった成熟状態へ至る多様な過程の理解によって否定されてきた．これらの結果は，土地造成や土地回復という分野における応用を持つ地生態学的遷移理論になっている．人間活動が地生態系にもたらす被害の一般的解決法はありそうにない．つまり，異なるか，少なくとも修正された解決法が，特定の環境や景観の状

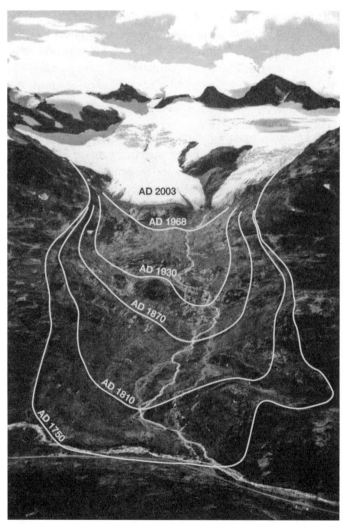

図 28. ノルウェー，ヨートゥンハイメンのストーブレーン（Storbreen）氷河末端部.
景観単位と地生態系．等時線（地表面の年代に相当する線）は，18世紀中頃の"小氷期"最盛期以降の氷河の後退を示している.

態のような地理学的考慮に従って必要なのである．

　独自の地理学的貢献が3つあった．第一に，地理学的観点が氷河前面における空間変動の拡がりと性質についての十分な知識をもたらしてきた．第二に，このことが現実的な年代系列概念をもたらした．つまり氷河からの距離と地形形成年代が，これらの景観の説明において考慮されるべき唯一の変数ではないことである．第三に，地生態学的取り組みが，さまざまな景観要素の発達において，物理および生物過程の間の相互作用という総体的認識を含めたことである．昆虫の遷移・土壌発達・岩石風化速度・周氷河の構造土発達・氷河それ自体による堆石堤構造のような項目の認識や理解に対して，類似した貢献が動物地理学者・土壌地理学者・地形学者によってなされている．

地球温暖化の地理学

　近年自然地理学によって取り上げられる多くの新しい話題のうち，地球温暖化は疑う余地もなく地理学者がなすことに対して最も広範にわたる影響を及ぼしてきている．IPCC（Inter-Governmental Panel on Climate Change：気候変動に関する政府間パネル）の最新の報告は，地球の平均地上気温がこの100年でおよそ0.76℃上昇し，もし大気中の二酸化炭素濃度が2倍になった場合には，さらにおよそ3.0℃（2.0〜4.5℃の可能な範囲）の上昇が引き続き生じる可能性があると結論づけた．この地球規模の気温上昇速度と根底にある人為的影響に関するこれまでの不確かさは，今やほとんど払拭された．自然環境と人々に対する世界的な影響の可能性はより明確であり，たとえば，スターンレポート（Stern Report）から，炭素排出を減少させる行動をとる経済的事例に関する支持が増えている．さらにまた，この地球規模の環境問題に世界的な関心が必要とされていることも明白である．

なぜ特に自然地理学者が関心を持っているのか，そして，どのように自然地理学者はこの環境問題を解決することに貢献するのか．その答えは，地球温暖化が多くの地理学的観点を持つからである．これは，地球温暖化問題のさまざま異なる側面に関して示すことができる．すなわち，検出，予測，影響，緩和である．

　1つ目の問題の検出は，世界の多くの地域から得られる気温測定を必要としている．同様に，地球規模で平均した気温の正確な推定値を計算し，地球温暖化の上昇率に関する我々の知識を見直すためには，陸地と海洋上の気温の地理的変動が考慮されなければならない．「地球温暖化」という用語は，地域差が存在するという事実を隠す傾向も持っている．たとえば，極地における温暖化傾向は，どの地域よりも大きく，最近の予測によれば，来世紀の北極の温暖化は，地球平均の倍になる可能性がある．図29は，ACIA（Arctic Climate Impact Assessment：北極気候影響評価）によって示された1990年から2090年までの北半球高緯度に関する予測地上気温である．気温上昇は，ロシア北極域で最も大きく，北大西洋上で最も小さくなる可能性がある．冬季は夏季に比べより大きな影響を受ける可能性があり，一方降水量変化はより変動性が高い可能性がある．

　自然地理学者は，地球の気候システムをシミュレートし，気候の将来を予測するGCMs（General Circulation Models：大気大循環モデル）を検証する重要な役割を担っている．地理学者はGCMを設計する物理的，数学的技術をほとんど持たないが，過去の気候に関する知識を使用して，モデルを検証するための学際的な取り組みに広く関与している．GCMは将来を予測しているので，従来の観測や測定装置によって検証することはできない．しかし，すでに起こっていることを予測可能かどうか見ることによって，検証できる．こうした理由で，自然地理学者や他の学者による過去の気候復元は非常に重要なのである．そのような古気候復元は，多くの異な

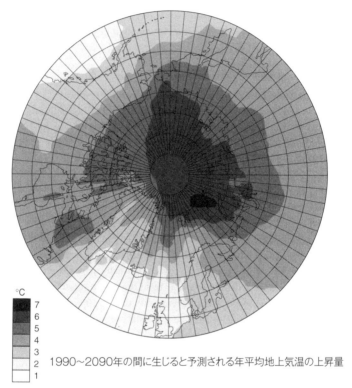

図 29. 北極圏の温暖化.
1990〜2090 年の間に北半球緯度帯で予測される年平均気温の上昇（Arctic Climate Impact Assessment, 2004）. より濃い陰影は, 北極圏で相対的に大きな気温変化があることを示している.

る環境から集められた情報源（たとえばアイスコア, 泥炭地, 湖成堆積物, 年輪）からの証拠を使ってなされている. モデルが, 現在の気候とは異なる過去の気候を予測することが可能であるという正確さは, 将来の気候状態を予測するための能力を持つことが可能であるという信頼あるものさしを提供する.

地球温暖化の影響もまた, さまざまな地域で多様である. 人間シ

ステム同様に自然環境システムは，昇温に対する感度が異なっている．アフリカのサヘル地域は，非常に敏感な自然システムの事例である．ここでは，年平均あるいは季節平均気温の比較的小さな変化が，水利用可能性や，植生の生長，依存する作物と放牧経済に大きな影響を与えている．より低温でかつ降水頻度が高い地域（高温であっても降水の多い地域）は，干ばつに対して脆弱性の低い出発点を持つ．ヨーロッパ・アルプスにおける氷河，周氷河環境に対する気温上昇の影響は，かなり異なる事例である．そこでは，温暖化が氷河の急速な後退を招き，深層の永久凍土層の融解に伴う土石流の発生頻度を高め，夏の融雪水を利用した水力発電施設の長期利用可能性に関する懸念を招いている．北極では，海氷の広がり，シロクマの生存，漁業の将来といった意味を有する．

　結局，人類に対する地球温暖化の影響緩和に適用する万能な解決策はありそうにない．社会は脆弱性において異なり，人文地理学者はこれらを調査するためにいい位置にいる．いくつかの社会は，他の社会に比べて，環境条件の変化により適応することができるか，あるいは異なった応答を選択するだろう．一般に，貧しい国の人々は，豊かな国々に住む人々よりも脆弱であり，高価な技術的解決策を採用することもできない．このことが，地球温暖化の速度を抑えようとする緩和なのか，上限を超える世界的気温上昇を防止するグローバルな行動をとる緩和なのかという異なる観点であり，共に先進国と発展途上国に異なる政策を要求するだろう．

将来の地理学にとってのマニフェスト

　21世紀の初めに地理学は正味の広がりを確かに広げている．一方で全体として学問分野の重要性を持ち続ける中心的統一概念と技術が存在し，他方で，急速に増した専門性の中で系統的学問分野間

の緊張が生じている．19世紀後半から20世紀半ばにかけて行われてきたような地理学との相違は明白であり，疑問につながる．つまり，地理学は統一された学問分野として，現在何処に立脚しているのであろうか？

現在の地理学の強さ

地理学という学問分野は，非常に多くの強さと機会を有しており，さまざまな点でそれらは増加している．地理学的知識と理解に関する，これまでになかったより大きな要求がある．環境問題や紛争が地域的であるか地球規模，国際的なものに関連しているかどうかにかかわらず，これは至るところで明らかなことである．富の創出，生活の質の維持と向上，地球や人間の持続可能性の確認，責任ある市民権，地域的・国家的・国際的レベルでのリーダーシップといったものに関して，地理学的教養や視覚的・空間的技能を強調する図化技法の一般的水準を向上させる必要がある．これは，研究機会だけでなく，より競争的なグローバル経済を伴う，より込み入った不平等な世界の自然的・人文的課題というものに，人々が対処する準備を行う教育機会も与えることである．「地理学的課題」という言葉が，現代ほど強い響きを持ったことはなかった．

地理学という学問分野の拡がりが，強さの主要な源である．自然地理学者は自然環境の科学者としての知識と理解に貢献する一方，人文地理学者は社会学者，社会的・文化的理論家として特徴的かつ重要な役割を果たしている．これと並行して，地域的・歴史的な人間-環境相互作用，グローバルチェンジ，景観地理学といった統合的主題に取り組む人々は，全体論的伝統を持つ地理学を継続し，その橋渡しをする役割を例証している．したがって，研究において，自然・人文地理学者の専門的な貢献というものは，より幅広い問題と総合を持つ統合地理学者の関心事によって補われているのであ

る．大学での地理学の学生や学校の生徒は，この幅広い検討課題から相当の恩恵を受けている．地理学は広大な個人教育の有用性から成り，多種多様な経歴に必要な知識の幅と広範な技能（数的能力，リテラシー，図化技能）を持つ柔軟な卒業生をつくる．

　空間，場所，環境という地理学の中心概念は，世界を理解するために，これまでよりもさらに重要である．地理学は現在，さらにより大きな知識基盤と，これまでの歴史の中で最も発展した一連の方法を所有し，これらの方法は，地図や，EO と GIS に関連した専門的，地理学的技能を含んでいる．地球表面の複雑さや学問分野の短い歴史はどちらも，かつてあった弱点としてみなされていない．地理学は，今や，その使命を果たす用意が十分にできている．

　環境への関心は，明確な機会を地理学に提供する．第一に，生物物理的環境そのものを理解する必要性に関連した機会がある．生物物理的環境における過去・現在・未来の分布，プロセス，変化は，自然地理学者によって復元され，計測され，監視され，モデル化され，図化され，予測される必要がある．第二に，人文地理学者には，人間環境や人間環境の変化という経済的，政治的，社会的，文化的側面を調査する同時の機会がある．しかし，生物物理的環境と人々の間での双方向の相互作用に焦点を当てる統合地理学者は，さらにより大きな機会を持っている．それには，自然災害・汚染・疾病に関する認知と緩和，土地荒廃と修復，資源開発と持続可能性，生物多様性・ジオダイバーシティ・遺産の保全と維持，局所的・地域的・グローバルな環境変化に関する人文的側面などがあげられる．

　空間と場所に関連した類似の機会がある．EO や GIS により地球表面の空間変動を記述し，監視し，解析する技術の進歩は，注視する焦点が，技術自体よりむしろ，ますます科学的原理や，モデリング，理論に方向を向けた範囲に成熟してきている．これは，知的発達と応用の双方に大きな意味を持つ「地理学の現代化」の一部であ

る．地理学の関心事の範囲のもう一方の極において，場所についての解釈と理論づけの多くの大いに異なる方法が，複数の新しい機会を地理学に与えている．

　グローバリゼーションに向かう傾向が，伝統的な地理学の終焉を示していることが示唆されてきた．彼らは，グローバルスケールのプロセスによって支配された世界が，局所的，もしくは地域的考察における我々の伝統的な関心事の重要性を減らすように見えるため，そのように言うのであろう．自然地理学においては，地球温暖化に関する「温室効果ガス」排出の影響を含む気候変化や炭素循環のようなグローバルスケールのプロセスが，ますます研究課題にあげられている．同様に，高速通信，企業ビジネス，国際機関は，新しいグローバルな人文地理学につながっている．しかしながら，現代の人文地理学における主要な推進力は，グローバルプロセスの力を疑い，違いや多様性，人々が反応し，変化を開始する複数の振る舞いに焦点を当ててきた．ローカルからグローバルに渡るスケール間の相互作用に関連した「自然的」かつ「人文的」なグローバリゼーションの両面から展望が開かれる機会が存在している．グローバルな変化に関するローカルな影響と，ローカルな事象に関するグローバルな影響というものは，密接に関連している．これらが，地球温暖化や津波，テロリズム，金融危機に関連するものであるかどうかにかかわらず，変容する世界における空間，場所，環境の継続的な重要性と関連性を例示しているのである．

現在の地理学の弱さ

　こうした多数の強みと機会を持ちつつも，純粋な調査や応用研究，また教育において，地理学はそれほどよいものを持たなかったということにされている！　しかし，その状況は一見して見えるほど楽観的なものではない．環境という主題に関して同時に現れる弱

さと恐れを，エデン（Sally Eden）は次のようにほのめかす．

> 地理学は20世紀前半の間，環境というボールから目を逸らし，そして，唐突に飛びついた．1970年代の環境問題は，地理学がリーダーシップの役割を引き受けるには断片的で，下準備もなく，おそらくは，その気もなかったとみなした．イギリスや他のどの地理学者も，それ以来，環境を主題とする調査をしてきたが，今日，「環境」は至るところにあるものの，地理学的研究の中にはどこにもない．結果的に得た仕事は活気に満ち，変化に富んでいるが，結局のところ幾分まとまりを欠く．
>
> S. Eden, 'People and the Contemporary Environment' (2003)

彼女は地理学の発展の中での内部分裂に言及し，一方，他の学問分野はますます環境問題に関心を持ち，そしてグローバルチェンジや地球システム解析，持続可能性科学やそれに類似した新しい統合化された「環境」科学を誕生させてきたとしている．類似した弱さや恐れが，地理学の他の中心的関心事である空間と場所に関して確認できる．地理学者は他分野と協働する機会を得ることにより，重要な貢献もしてきたのだが．

地理学の性質と重要性は，十分理解されていない．自然地理学と人文地理学の違いと共有する中心概念は混乱し続けており，そして自然科学と人文科学の間の地理学としての橋渡しの役割が論議されることがある．その幅広さが，「多芸は無芸」という非難をもたらしてきた．独自性問題と同様に印象問題もある．地理学的研究は，必ずしもそれ自体として認知されていない．ある批評家がかつて論評したように，地理学者は自然科学や批判理論の問題に没頭するが，しかし，一般市民にとって，地理学は地図に関するすべてなの

である．学問分野外部における地理学の知識は，日常会話以上には少しも広がらないことがある．たとえば，地理学は，メディアにおいて歴史学や考古学よりも，それほど認識できる存在感も有していない．そのように正しく理解されていない状況が，一般市民だけでなく，教育，学界，産業，政府の関係機関によっても過小評価される地理学をもたらしている．学問分野の中においてさえ，自然地理学者と人文地理学者の間のコミュニケーションと理解の不足，もしくは，全体としての地理学の一貫性に関する相互支援の欠如が時として存在するのである．

地理学の将来

　学問分野外への認識に結びつく地理学者の系統的忠誠心というものが，十分な可能性に達している地理学への主要な脅威を構成しているように見える．地理学者は強さをもとにことを進め，機会をつかむのか，それとも，弱さと恐れに屈するのであろうか？　我々はよりいっそう気を引き締める必要がある．

　強さを最大にし，機会を最大限に活用し，可能性を最大限実現するために，地理学はどのように集中し，自身をまとめあげるのか？これが将来に関しての主要な問いである．その方法の1つを，図30に示す地理学の構造に関する単純なモデルによって提案する．このモデルにおいて，一組の同心円区は，地理学の中核と周辺を表している．統合地理学は，地理学の中核となる中心に，濃い陰影で示されている．地理学の中核域では，1つ以上の中心概念と方法が，調査や研究の重要な構成要素を形成しており，一方，周辺域はその中核部とゆるやかにつながっているだけである．周縁外部では，独自に定義可能な中核を持つ学際的分野や他の学問分野と地理学は結びついている．区域の境界すべてが破線で示され，これは異なる領域間の障壁というよりもむしろ，知識の流れが透過可能であ

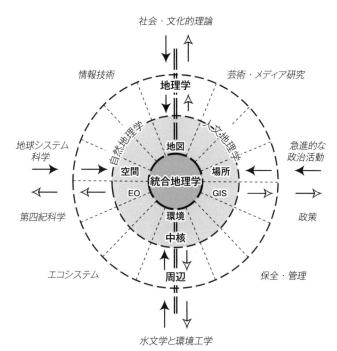

図30. 我々の統合的発展シナリオによって構想された地理学の未来図.

ることを示している.

　自然地理学と人文地理学は図を二分しており，その中の分割は特定の専門分野を示している（たとえば，地形学や経済地理学．見やすさのために図中には記していない）．自然地理学と人文地理学の間にある縦線は，下位区分にある2つの学問分野の違いを意味するが，これらの違いが意味のあるものとして中核の統合領域には達していない．統合領域は自然地理学的要素と人文地理学的要素の相互作用によって定義されている．それぞれの専門分野や，自然地理学と人文地理学の下位部分にあたる学問分野のいくつかが中核であるという認識は等しく重要である．そして，周辺部分にあたるその他

第6章　地理学の現在と将来　　157

の部分が，さらに，学際的な分野に広がる．

地理学の将来的発展に関する可能なシナリオが，地理学の構造に関するこのモデルに関連して提案可能である．ここでは，3つのシナリオをあげる．

・「自由競争主義」シナリオ
・「個別発展」シナリオ
・「統合発展」シナリオ

各々のシナリオは，専門，下位区分となる学問分野，学問分野の中核といった地理学の構造の異なる部分に重きを置いている．それゆえ，可能性あるこれらの3つの将来の要素は，今日の地理学にあってよい．

最近の傾向をさまざまな点で反映する「自由競争主義」シナリオによれば，発展は無制御で，多かれ少なかれ，「何でもあり」である．地理学に存在する各専門はこのシナリオのもとで成功するだろうし，多くの新しい専門領域がほぼ間違いなく誕生し続けるであろう．地理学者もまた，少なくとも短期的には，学際的な研究へ大きな貢献をし続けるであろう．このような無計画な発展を受け入れることが適切であると主張することもできる．結局，これはすでに起こっていることのようである．将来を予測できないとき，なぜ将来の可能性が束縛されなければならないのか？ 1つの理由は，地理学者が学問分野の周辺領域やその外部でますます活動し続けることに伴うさらなる多様化と専門化が，地理学の中核のさらなる軽視をもたらす可能性にある．研究活動と教育活動がこのように中核から遠ざかることは，地理学の使命を構成する知識と理解の中心領域が軽視され，最終的には地理学の分裂と，他の学問分野や新しい学際的活動領域によって吸収されることにつながる可能性がある．

2番目の将来シナリオである「個別発展」は，自然地理学と人文地理学という下位区分にあたる学問分野がますます自律的になることを想定している．図30は二分されるだろう．20世紀中期以降，主題，文献，方法や哲学の根拠に関して，自然地理学と人文地理学との相違はより顕著となっている．このシナリオは，単にこれらの違いを認め，強化し，力説するだけである．しかしながら，このシナリオの多くの不利な点は，「自由競争主義」シナリオに類似している．地理学の統合的中核は，特に，外される可能性がある．加えて，自然地理学や人文地理学は単独で，十分に首尾一貫するものであろうか？　下位区分にあたる学問分野各々の中にある多様性と，そのような過去の分離の経験は，間違いなくそれらの生存能力を疑う十分な証拠である．

 考慮する第三のそして最後のシナリオは，「統合発展」である．これは，地理学の学問分野の中核の再生と拡大を目論むものである．中心概念と方法に対する新しい焦点が存在する．力強く成長する中核における地理学的理論の発達は，同時に，外部の学問分野からのアイデアによって影響を受ける下位区分にあたる学問分野と専門分野に情報を与える．学問分野の独自性は強化され，そして，学際的な活動や近隣の学問分野に関する，より焦点を定めた地理学の外部への役割が存在する．図30は，概略的にこの将来を表そうとしている．中核と周縁との間の知識の双方向の流れと，中核と周辺部における地理学者の関心という例が，このシナリオの重要な特徴を示す．中核はすでに認識可能であり，明確に定義されているが，不変ではない．時間と共に，学問分野は近代化し続けるので，新しい側面に対応するために変わってよいだろう．

 我々の考えでは，「統合発展」シナリオが，地理学にとって最良の選択肢を提供している．地理学がもしこのシナリオを成し遂げることに集中するなら，そのシナリオはより効果的で，最大限の可能

性を発揮することになる．ある意味，我々はケーキをとって，食べることができる．つまり，学問分野にとっての持続可能な未来は，地理学の多様な側面が結びつき，相互依存し，相互に支えあうという中で確実に行われる．独自の地理的中心概念は，学際的活動に貢献する動的な専門分野とも関係している．中核，周辺，学際的な領域と他分野との間で，二方向の流れを確実にすることによって，地理学という学問分野のすべての部分が活性化され，一方，知識のつながりに貢献し，明確に識別される単一の学問分野としての重要で独自の貢献が確認される．要するに，地理学の必然性は，多学問的・学際的な世界において成し遂げられるのである．

参考文献

以下に本書で用いた例,引用,図の出典を示す.

E. A. Ackerman, 'Where is a Research Frontier?', *Annals of the Association of American Geographers*, 53 (1963): 435.

D. E. Alexander, 'Natural Hazards on an Unquiet Earth', in *Unifying Geography: Common Heritage, Shared Future*, ed. J. A. Matthews and D. T. Herbert (Routledge, 2004), pp. 266-82.

American Geographical Society and others, *Geography for Life* (National Geographic Research and Exploration, Washington DC, 1994), p. 18.

Arctic Climate Impact Assessment, *Impacts of a Warming Arctic* (Cambridge University Press, 2004).

L. K. Barlow, J. R. Sadler, A. E. J. Ogilvie, and others, 'Interdisciplinary Investigations into the End of the Norse Western Settlement in Greenland', *The Holocene*, 7 (1997): 489-99.

S. Bieri and N. Gerodetti, 'Falling Women-Saving Angels: Spaces in Contested Mobility and the Production of Gender and Sexualities within Early Twentieth Century Train Stations', *Social and Cultural Geography*, 8 (2007): 217-34.

C. Butler, *Postmodernism: A Very Short Introduction* (Oxford University Press, 2002).

J. Caesar, *The Gallic Wars and Other Writings* (Heron Books edition, 1957), p. 1.

N. Castree, 'Economy and Culture Are Dead! Long Live Economy and Culture', *Progress in Human Geography*, 28 (2004): 204-26.

W. Christaller, *Central Places in Southern Germany*, tr. C. W. Baskin (Prentice Hall, 1966).

D. B. Clarke, 'The City of the Future Revisited or, the Lost World of Patrick Keiler', *Transactions, Institute of British Geographers*, 32 (2007): 29-45.

S. Cloete, *A Victorian Son: An Autobiography 1897-1922* (Heron Books edition, [1923] 1972), p. 1.

J. Comaroff, 'Ghostly Topographies, Landscape and Biopower in Modern Singapore', *Cultural Geographies*, 14 (2007): 56–73.

P. J. Crutzen and E. Stoermer, 'The "Anthropocene"', *International Geosphere Biosphere Programme Global Change Newsletter*, 41 (2001): 12–13.

C. Darwin, *The Voyage of the Beagle* (Heron Books edition, [1845] 1968), p. 1.

W. K. D. Davies, 'Globalization: A Spatial Perspective', in *Unifying Geography: Common Heritage, Shared Future*, ed. J. A. Matthews and D. T. Herbert (Routledge, 2004), pp. 189–214.

M. J. Dear and S. Flusty (eds), *The Spaces of Postmodernity* (Blackwell, 2002), p. 2.

J. Diamond, *Collapse: How Societies Choose to Fail or Succeed* (Viking Press, 2005).

S. Eden, 'People and the Contemporary Environment', in *A Century of British Geography*, ed. R. Johnston and M. Williams (Oxford University Press, 2003), pp. 213–43.

T. S. Eliot, *Little Gidding, The Four Quartets, No. 4, Part 5* (Tristan Fecit, [1942] 2000), p. 6.

A. S. Fotheringham, C. Brunsdon, and M. Charlton, *Quantitative Geography: Perspectives on Spatial Data Analysis* (Sage, 2000), p. xi.

G. L. Gaile and C. J. Willmott (eds), *Geography in America at the Dawn of the 21st Century* (Oxford University Press, 2003), p. 1.

P. J. Gersmehl, 'An Alternative Biogeography', *Annals of the Association of American Geographers*, 66 (1976): 223–241.

M. H. Glantz, *Currents of Change: Impacts of El Niño and La Niña on Climate and Society* (Cambridge University Press, 2001), p. 138.

D. Gregory, 'Geographies, Publics and Polities', *Progress in Human Geography*, 29 (2005): 182–93.

J. K. Guelke, 'Mrs Gardner's World: Scale in Mormon Women's Autobiographical Writing', *Area*, 39 (2007): 268–77.

T. Hägerstrand, *Innovation Diffusion as a Spatial Process* (University of Chicago Press, 1968).

D. T. Herbert, *The Geography of Urban Crime* (Longman, 1982).

D. T. Herbert, with N. R. Fyfe and D. J. Evans, *Crime, Policing and Place: Essays in Environmental Criminology* (Routledge, 1992).

D. T. Herbert and J. A. Matthews, 'Geography', in *The Encyclopaedic Dictionary of Environmental Change*, ed. J. A. Matthews and others (Arnold, 2001), p. 255.

International Association for Landscape Ecology, IALE mission statement,

IALE Bulletin, 16 (1998): 1.

J. Keay, *The Royal Geographical Society History of World Exploration* (Hamlyn, 1991), p. 301.

C. G. Knight, 'Geography's Worlds', in *Geography's Inner Worlds: Pervasive Themes in Contemporary American Geography*, ed. R. F Abler, M. G. Marcus, and J. M. Olsen (Rutgers University Press, 1992), pp. 9–26.

H. Le Bras, 'World Population and the Environment', in *The Earth from the Air*, ed. Y. Arthus-Bertrand (Thames and Hudson, 2005), pp. 47–52.

J. Liu, T. Dietz, S. R. Carpenter, and others, 'Complexity of Coupled Human and Natural Systems', *Science*, 317 (2007): 1513–16.

D. Livingstone, *Missionary Travels and Researches in South Africa*, from *The Oxford Book of Exploration*, ed. R. Hanbury-Tenison (Oxford University Press, [1857] 1993), pp. 178–9.

P. A. Longley and M. J. Barnsley, 'The Potential of Geographical Information Systems', in *Unifying Geography: Common Heritage, Shared Future*, ed. J. A. Matthews and D. T. Herbert (Routledge, 2004), p. 63.

H. J. Mackinder, 'On the Scope and Methods of Geography', *Proceedings of the Royal Geographical Society*, 9 (1887): 141–60.

G. P. Marsh, *Man and Nature, or Physical Geography as Modified by Human Action*, ed. D. Lowenthal (Belknap Press, [1864] 1965), p. 42.

D. Massey, 'Globalisation: What Does It Mean?', *Geography*, 87 (2004): 293–6.

J. A. Matthews, *The Ecology of Recently Deglaciated Terrain: A Geoecological Approach to Glacier Forelands and Primary Succession* (Cambridge University Press, 1992).

J. A. Matthews and P. Q. Dresser, 'Holocene Glacier Variation Chronology of the Smørstabbtindan Massif, Jotunheimen, Southern Norway, and the Recognition of Century- to Millennial-Scale European Neoglacial Events', *The Holocene*, 18 (2008): 181–201.

Intergovernmental Panel on Climate Change, *Climate Change 2007: The Physical Basis* (Cambridge University Press, 2007).

J. A. Matthews and D. T. Herbert, 'Unity in Geography: Prospects for the Discipline', in *Unifying Geography: Common Heritage, Shared Future*, ed. J. A. Matthews and D. T. Herbert (Routledge, 2004), pp. 369–93.

N. Myers, R. A. Mittermeier, C. G. Mittermeier, and others, 'Biodiversity Hotspots for Conservation Priorities', *Nature*, 403 (2000): 853–8.

National Geographic Society, *Almanac of Geography* (National Geographic Society, Washington DC, 2005), p. 10.

F. Oldfield, *Environmental Change: Key Issues and Alternative Approaches*

(Cambridge University Press, 2005).
B. Rolett and D. Diamond, 'Environmental Predictors of Pre-European Deforestation on Pacific Islands', *Nature*, 431 (2004): 443-6.
J. Rose and X. Meng, 'River Activity in Small Catchments over the Last 140 ka, North-East Mallorca, Spain', in *Fluvial Processes and Environmental Change*, ed. A. G. Brown and T. A. Quine (Wiley, 1999), pp. 91-102.
T. Saiko, *Environmental Crises* (Prentice Hall, 2001), Chapter 6, pp. 242-72.
Science, 'Review of Harm de Blij's *The Geography Book*' (1995).
O. Slaymaker and T. Spencer, *Physical Geography and Global Environmental Change* (Longman, 1998), p. 7.
V. Smil, 'How Many Billions To Go?', *Nature*, 401 (1999): 429.
Social and Cultural Geography, A collection of papers on lesbian space: 18 (1) (2007).
S. Stevens, 'Fieldwork as Commitment', *The Geographical Review*, 91 (2001): 66.
G. Valentine, *Social Geographies: Space and Society* (Prentice Hall, 2001), p. 1.
L. R. Walker and M. R. Willig, 'An Introduction to Terrestrial Disturbances', in *Ecosystems of Disturbed Ground*, ed. L. R. Walker (Elsevier, 1999), pp. 1-16.
S. Whatmore, *Hybrid Geographies: Natures, Cultures and Spaces* (Sage, 2002), p. 116.
G. F. White, 'Geography', in *Encyclopaedia of Global Environmental Change, Volume 3*, ed. I. Douglas (Wiley, 2002), p. 337.
M. Williams, 'The Creation of Humanised Landscapes', in *A Century of British Geography*, ed. R. Johnston and M. Williams (Oxford University Press, 2003), pp. 167-212.
S. W. Woodridge, *The Spirit and Significance of Fieldwork* (Council for Promotion of Field Studies, 1948), p. 2.

ウェブサイト

http://www.sasi.group.shef.ac.uk/worldmapper/display.php?selected=l69
http://www.sasi.group.shef.ac.uk/worldmapper/about.html
http://www.landscape-ecology.org/about/aboutIALE.htm
http://www.earthobservatory.nasa.gov
http://glcf.umiacs.umd.edu

さらなる学びのために

本書で取り上げた地理学の一般的テーマを学ぶために役立つ文献を紹介する．

第1章 地理学——世界が舞台

地理学の歴史を十分に説明した比較的最近のものとしては，D. N. Livingstone, *The Geographical Tradition: Episodes in the History of a Contested Enterprise* (Blackwell, 1992) を見るとよい．G. J. Martin and P. E. James, *All Possible Worlds: A History of Geographical Ideas* (Wiley, 1993) は世界のさまざまな地域における地理学の歴史を知る際に役立つ教科書である．A. Holt-Jensen, *Geography: History and Concepts* (Sage, 1999) は非常に短い本であり，最新版は地理の学問分野を俯瞰するための良書である．上記同様，R. J. Johnston, *Geography and Geographers: Anglo-American Geography since 1945* (Arnold, 1997) は定評がある良書である．空間分析を学ぶ学生のための教科書として書かれたものではあるが，非常に良い一般的な地理学導入書に P. Hagget の *Geography: A Global Synthesis* (Prentice Hall, 2001) がある．

教育と研究における地理学の基本的な重要性は，アメリカ国立研究協議会 (US National Research Council) の *Rediscovering Geography: New Relevance for Science and Society* (National Academy Press, 1997) に示されている．地理学の中心概念に焦点を当て，章ごとに短くまとめたものに，S. L. Holloway, S. P. Rice, and G. Valentine (eds), *Key Concepts in Geography* (Sage, 2003) がある．

H. de Blij, *Why Geography Matters* (Oxford University Press, 2005) は，気候変化，中国の発展，国際テロを含む世界が直面する実際の課題について，非常に合理的説明で，地理学者の観点から議論している．大学で地理学を学ぶことを考えるために役立つ本に，A. Rogers and H. A. Viles (eds), *The Student's Companion to Geography*, 2nd edn (Blackwell, 2003) がある．

最近の学問分野としての地理学の現状に関する最新の見解について知ることができるものに，R. Johnston and M. Williams (eds), *A Century of British Geography* (Oxford University Press and the British Academy, 2003), G. L. Gaile and C. J. Willmott (eds), *Geography in America at the Dawn of the 21st*

Century (Oxford University Press, 2003), I. Douglas, R. Huggett, and C. Perkins (eds), *Companion Encyclopedia of Geography: From Local to Global*, 2nd edn (Routledge, 2007) の3冊がある. はじめの本は, 地理学の3つの中心概念としての空間・場所・環境の間のゆるやかなつながりを述べたものであり, 2番目の本は, 地理学の多くの専門分野の主題である環境ダイナミクス, 社会ダイナミクス, 社会-環境相互作用ダイナミクスを強調している. 最後の本は, 場所の概念に関するさまざまな見方から, 自然地理学的・人文地理学的エッセイを総合的に記している.

第2章 自然的側面——我々の自然環境

実際の自然地理学分野や概念に対する多くの近代的, 包括的導入書があり, たとえば P. Smithson, K. Addison, and K. Atkinson, *Fundamentals of the Physical Environment*, 3rd edn (Routledge, 2002), Alan Strahler and Arthur Strahler, *Physical Geography: Science and Systems of the Human Environment*, 3rd edn (Wiley, 2005), R. W. Christopherson, *Geosystems: An Introduction to Physical Geography*, 6th edn (Pearson Prentice Hall, 2006) があげられる. 自然地理学の発展について現在の傾向も含め, 詳細に述べたものとして K. J. Gregory, *The Changing Nature of Physical Geography* (Arnold, 2000) がある. 同著者は, 原著復刻の *Physical Geography* (Sage, 2005) において, 自然地理学分野に関する主要65論文を4巻に編集した. 専門分野の定期的報告と最新の研究成果は, Sage より出版されているジャーナル *Progress in Physical Geography* で発表されている.

自然地理学における特定の取り組みやパラダイムの例として, L. B. Leopold, M. G. Wolman, and J. P. Miller, *Fluvial Processes in Geomorphology* (Freeman, 1964), R. J. Chorley and B. A. Kennedy, *Physical Geography: A Systems Approach* (Prentice Hall, 1971), O. Slaymaker and T. Spencer, *Physical Geography and Global Environmental Change* (Longman, 1998) があげられる. A. Goudie は *The Human Impact on the Natural Environment*, 6th edn (Blackwell, 2006) の中で, 自然地理学者としての近年の人間に対する注視をうまく説明しており, それは R. Huggett, S. Lindley, H. Gavin, and K. Richardson, *Physical Geography: A Human Perspective* (Arnold, 2004) においても同様である.

A. Goudie, *The two-volume Encyclopedia of Geomorphology* (Routledge, 2004) は, 自然地理学の主要な専門分野の1つである地形学における調査と研究の幅広さと奥深さを示すものである. 自然地理学者によって著された学際的な貢献として, J. J. Lowe and M. J. C. Walker, *Reconstructing Quaternary Environments*, 2nd edn (Longman, 1997), F. Oldfield, *Environmental Change:*

Key Issues and Alternative Approaches（Cambridge University Press, 2005），W. M. Marsh and J. Grossa, Jr, *Environmental Geography: Science, Land Use and Earth Systems*, 3rd edn（Wiley, 2005），J. Wiens and M. Moss, *Issues and Perspectives in Landscape Ecology*（Cambridge University Press, 2005）があげられる．R. Haines-Young and J. Petch, *Physical Geography: Its Nature and Methods*（Harper and Row, 1986）は，やや出版年が古いが，自然環境科学としての自然地理学の手法に関する導入書である．近年におけるいくつかの別の哲学的観点が，R. Inkpen, *Science, Philosophy and Physical Geography*（Routledge, 2005）や S. Trudgill and A. Roy (eds), *Contemporary Meanings in Physical Geography*（Arnold, 2003）に紹介されている．

第3章　人文的側面——場所の中の人間

G. Benko and U. Strohmayer は，*Human Geography: A History for the 21st Century*（Arnold, 2004）に人文地理学に役立つ論文集を編集している．一方，Gill Valentine, *Social Geographies: Space and Society*（Prentice Hall, 2001）では，人文地理学に対する多くの新しい取り組みが概説されている．J. Agnew, D. N. Livingstone, and A. Rogers, *Human Geography: An Essential Anthology*（Blackwell, 1996）は，古典集である．人文地理学のさまざまなパラダイムに対する他の優れた導入書として，P. Cloke, C. Philo, and D. Sadler, *Approaching Human Geography*（Paul Chapman, 1991），R. Peet, *Modern Geographical Thought*（Blackwell, 1998），P. Daniels, M. Bradshaw, D. Shaw, and J. Sidaway (eds), *Human Geography: Issues for the 21st Century*（Pearson, 2005），P. Cloke, P. Crang, and M. Goodwin (eds), *Introducing Human Geographies*, 2nd edn（Arnold, 2005）があげられる．

人文地理学の中のさまざまな専門的研究に関する選集には，E. Sheppard and T. Barnes (eds), *The Companion to Economic Geography*（Blackwell, 2003），R. Potter, T. Binns, J. Elliott, and D. Smith, *Geographies of Development*（Pearson, 2003），M. Woods, *Rural Geographies*（Sage, 2005），A. Southall, *The City in Time and Space*（Cambridge University Press, 1998）がある．D. Mitchell の *Cultural Geography: A Critical Introduction*（Blackwell, 2000）には，文化地理学の発展と現在の優先事項への独特の洞察が記されている．M. Dear and S. Flusty, (eds), *The Spaces of Post-Modernity: Readings in Human Geography*（Oxford, 2002）は，タイトルで暗示するよりもかなり物質的に広がり，それを反映する章とかなり多くの現代的実践例が共に役立つ．Sage から発行されているジャーナル *Progress in Human Geography* により，人文地理学のさまざまな専門分野における最近の研究について定期的に知ることができる．

人文地理学へのD. Harveyの貢献の歴史は長く，影響力がある．彼の主要研究である以下の選集は，徹底的に調査をする価値がある．初期の著作D. Harvey, *Explanation in Geography*（Blackwell, 1969）は，彼と「計量革命」との関わりを反映したものではあるが，主な内容はマルクス主義的な構造理論の観点による．主要な仕事に，D. Harvey, *Social Justice and the City*（Arnold, 1973）があり，より新しいものに，D. Harvey, *The Limits to Capital*（Verso, 2006），D. Harvey, *Space and Global Capitalism: Towards a Theory of Uneven Geographical Development*（Verso, 2006）がある．

第4章 全体としての地理学——共通基盤

全体としての地理学に広がる本は驚くほど少なく，真の統合地理学を強調するものでさえ，ごくわずかである．我々の著書J. A. Matthews and D. T. Herbert (eds), *Unifying Geography: Common Heritage, Shared Future*（Routledge, 2004）は，29名の地理学者が地理学の分野に浸透する多くの興味深いテーマについて具体的に著したものである．明確に自然地理学と人文地理学が共通に持つテーマを考える初期の重要な研究に，R. F. Abler, M. G. Marcus, and J. M. Olsson (eds), *Geography's Inner Worlds: Pervasive Themes in Contemporary American Geography*（Rutgers University Press, 1992）がある．地理学の領域，一貫性，中心概念を慎重に述べている近年の文献に，N. Castree, A. Rogers, and D. Sherman (eds), *Questioning Geography: Fundamental Debates*（Blackwell, 2005）があげられる．

この章で論じている統合地理学の5つの領域に関するさらに詳細な研究を以下にあげる．地誌学に関する伝統的見解と現代的見解を示したものにそれぞれ，R. E. Dickinson, *Regional Concept: The Anglo-American Leaders*（Routledge and Kegan Paul, 1976）とR. J. Johnston, G. Hoekveld, and J. Hauer (eds), *Regional Geography: Current Developments and Future Prospects*（Routledge, 1990）がある．歴史地理学に関する最近の本には，R. A. Butlin, *Historical Geography: Through the Gates of Space and Time*（Arnold, 1993），B. Graham and C. Nash, *Modern Historical Geographies*（Prentice Hall, 2000），R. H. Baker, *Geography and History: Bridging the Divide*（Cambridge University Press, 2003）がある．

Companion Encyclopedia of Geography: The Environment and Humankind（Routledge, 1996）では，初版の包括的テーマとして，編者I. Douglas, R. Huggett, and M. Robinsonによって用いられた人間と環境の相互作用が取り上げられている．一方，かつてないほどに差し迫った地球環境変化に関するテーマが，B. L. Turner II, W. C. Clark, R. W. Kates, and others (eds), *The Earth as Transformed by Human Action: Global and Regional Changes in the Bio-*

sphere over the Past 300 Years (Cambridge University Press, 1990), J. R. Mather and G. V. Sdasyuk (eds), *Global Change: Geographical Approaches* (University of Arizona Press, 1991), A. Goudie (ed.), *Encyclopedia of Global Change* (Oxford University Press, 2002) を含む多くの書籍で取り上げられてきた．景観地理学の領域は，P. Adams, I. Simmons, and B. Roberts, *People, Land and Time: An Historical Introduction to the Relations Between Landscape, Culture and Environment* (Arnold, 1998) や I. White, *Landscape and History* (Reaktion, 2002), L. Head, *Cultural Landscapes and Environmental Change* (Arnold, 2000) から判断することができる．

第5章 地理学者の研究法

地理学者により用いられる包括的方法は，N. Clifford and G. Valentine (eds), *Key Methods in Geography* (Sage, 2003) に示されている．*The Geographical Review 91* (2001) にはフィールドワークに対する大部分が特異な56のエッセイが掲載されている．人間活動に影響を与える地図の多様な方法を強調する地図と地図製作の現代的見方が，J. Pickles, *A History of Spaces: Cartographic Reason, Mapping and the Geo-Coded World* (Routledge, 2004) に述べられている．A. Ehrenberg (ed.), *Mapping the World* (National Geographic, 2006) は，地図と地図製作法のイラスト集となっている．一方，T. Slocum, R. B. McMaster, F. C. Kessler, and H. H. Howard, *Thematic Cartography and Geographic Visualisation* (Pearson Prentice Hall, 2005) の地図に関する最新技術は入念である．地理学者が利用する数的技術の広がりが，N. Wrigley and R. J. Bennett (eds), *Quantitative Geography: A British View* (Routledge and Kegan Paul, 1981) にうまく示されている．M. J. Barnsley, *Environmental Modeling: A Practical Introduction* (CRC Press, 2007) は，環境システムのコンピュータ・モデリングに関する概念的な基礎と実用を兼ねた優れた導入書である．地球観測に関しては，Paul Curran, *Principles of Remote Sensing* (Longman, 1986) がうまく紹介している．GISの最も信頼のおけるレビューは，P. A. Longley, M. F. Goodchild, D. J. Maguire, and D. W. Rhind (eds), *Geographical Information Systems and Science* (Wiley, 2001) であるが，N. Schuurman, *GIS: A Short Introduction* (Blackwell, 2004) は，専門的なことだけでなくGISの意味合いと意味も巧みに紹介している．

応用地理学の幅広さと奥深さを示す詳細な報告に，M. Pacione (ed.), *Applied Geography: Principles and Practice* (Routledge, 1999) がある．自然災害と災害に関する優れた導入書として I. Burton, R. W. Kates, and G. F. White, *The Environment as Hazard* (Guilford Press, 1993) や D. E. Alexander, *Natural Disasters* (UCL Press, 1993), D. E. Alexander, *Confronting Catastrophe:*

New Perspectives on Natural Disasters（Terra, 2000）があげられる. *Progress in Human Geography*, 29 (2005): 165-193 に集められているエッセイは，社会における地理学の役割を考慮しており，特に W. Turner and D. Gregory のものは興味深い．

第6章　地理学の現在と将来

地理学における研究開拓分野4例を考察している本章の最初の部分について，さらなる文献が参考文献欄に示されている．地理学の将来に関する章の2番目の部分は，我々の以前の著作 J. A. Matthews and D. T. Herbert (eds), *Unifying Geography: Common Heritage, Shared Future*（Routledge, 2004）（特に最終章〔pp. 369-393〕参照）で詳細に考えを紹介している．地理学の学問分野の将来に関する別の展望が，R. J. Johnston による編集の2冊の本 *The Future of Geography*（Methuen, 1985），*The Challenge for Geography: A Changing World, a Changing Discipline*（Blackwell, 1993）に示されている．

図の出典

図 1 Robert Falcon Scott's party at the South Pole on 18 January 1912　**3**
Scott Polar Research Institute

図 2 Three core concepts of geography: space, place, and environment　**14**

図 3 Five main phases in the development of geography　**19**

図 4 The geo-ecosphere　**24**

図 5 Climatic anomalies during an El Niño event in the northern hemisphere winter　**26**
Based on Glantz (2001)

図 6 Early models of landscape evolution involving a 'cycle of erosion'　**30**

図 7 Mineral cycling in three of the world's major forested geo-ecosystems　**35**
Based on Gersmehl (1976)

図 8 Holocene glacier and climatic variations in Jotunheimen, Norway　**41**
Based on Matthews and Dresser (2007)

図 9 Physical geography: its specialist subdivisions and interdisciplinary aspects　**45**

図 10 Paradigms of human geography　**53**

図 11 Christaller's central place model　**56**
Based on Christaller (1966)

図 12 Human geography: specialist subdivisions and links to cognate disciplines　**64**

図 13 A rural landscape in mid-Wales　**67**

図 14 Gentrification of the inner city, Spitalfields, London　**80**
Ⓒ Edifice

図 15 Family of herders after the 2005 drought, North Eastern Province, Kenya   87
© Dieter Telemans/Panos Pictures

図 16 Three models of environmenthuman interaction   92
Based on Knight (1992)

図 17 Irrigation of the desert using pumped groundwater   96
A © Corbis, B © Duby Tal/Israel Images

図 18 Key indicators of global change during the Anthropocene   99
Based on Oldfield (2005)

図 19 Biodiversity 'hotspots'   100
Based on Myers and others (2000)

図 20 Key skills of geography   108

図 21 Field section through Quaternary deposits, north coast of Mallorca   112
Based on Rose and Meng (1999)

図 22 Mental maps of Adamsdown, Cardiff, Wales   117

図 23 A spatial diffusion model   122
Based on Hagerstrand (1968)

図 24 Distribution of wealth plotted by WORLDMAPPER, GIS   124

図 25 Shrinkage of the Aral Sea monitored by satellite   126
Source data at 250m resolution obtained from NASA Earth Observatory, and the University of Maryland Global Land Cover Facility

図 26 Al Capone, May 1932   139
© Bettmann/Corbis

図 27 Oxford Street, London, in the 1920s   143
© Bettmann/Corbis

図 28 Storbreen glacier foreland, Jotunheimen, Norway   147

図 29 Projected arctic warming, 1990 to 2090   150
Based on Arctic Climate Impact Assessment (2004)

図 30 The future of geography   157
Based on Matthews and Herbert (2004)

事項索引

あ 行

- アイスコア………………………39, 150
- アメリカ地理学会…………………85
- アラル海……………………………125
- アンケート調査……………………114
- 暗黒時代……………………………76
- イースター島…………………119, 120
- 異性愛………………………………71
- 遺伝子組み換え食品………………145
- 移動性………………………………74
- イノベーション……………………57
- 移民…………………………………8
- イメージ……………………14, 58, 69
- インタビュー………………………114
- インフォーマルセクター…………79
- ヴィクトリアフォール……………3
- ウェールズ地方……………………66
- エアオリアナイト…………………111
- 映画……………………………65, 128
- エイズ………………………………74
- 衛星画像…………………………12, 76
- 衛星ナビゲーション………………125
- エスニシティ……………………71, 89
- エスニック・セグリゲーション…70
- エルニーニョ………………………25
- 園芸作物……………………………55
- 演劇…………………………………128
- 塩類化…………………………33, 125
- 応用地理学………………………53, 129
- 王立地理学会……………………2, 9, 20
- オゾンホール………………………15
- オックスフォード大学……………82
- 音楽……………………………65, 128
- 温室効果ガス……………………43, 154
- 温帯低気圧…………………………32

か 行

- 回帰…………………………………119
- 外集団………………………………72
- 海食崖侵食…………………………111
- 海図…………………………………76
- 開析…………………………………29
- 階層システム………………………56
- 開発業者……………………………81
- 開発地理学………………………64, 74
- 海氷…………………………………151
- 海面上昇……………………………48
- 買い物様式…………………………79
- 海洋堆積物…………………………38
- 科学史………………………………4
- 拡散……………………………57, 121
- 拡大 EU……………………………77
- 確率……………………………119, 121
- 火山灰………………………………120
- 火山噴火…………………………133, 134
- 仮説…………………………………55
- 価値…………………………………65
- 花粉分析……………………………38
- ガリア………………………………2
- 夏緑樹林……………………………36
- 灌漑…………………………………114
- 環境……………4, 9, 14, 17, 18, 62, 153, 154
- 環境科学…………………………11, 155
- 環境決定論………………19, 51, 53, 83, 91, 92
- 環境考古学…………………………47
- 環境勾配……………………………146
- 環境災害……………………………125
- 環境システム………………………49
- 環境システム研究所(ESRI)………126
- 環境犯罪学…………………………138
- 環境変化……………9, 45, 125, 130, 153
- 観光客………………………………8
- 感情…………………………………73
- 完新世………………………………40
- 岩石圏………………………………23
- 干ばつ……………………………48, 151
- 間氷期………………………………37
- 緩和……………………………134, 151
- 記憶…………………………………73
- 企業……………………………60, 130, 138
- 飢饉……………………………74, 87

気圏	23
気候学	32, 45, 46, 111
気候最適期	40
気候復元	149
気候変化	32
気候変動に関する政府間パネル(IPCC)	148
記号論研究	128
技術的唯物論	92
規制	78, 130
軌道パラメーター	39
客観的現実	52, 68
境界領域仮説	138
強制退去	77
極相	28, 146
居住	51, 53, 62, 81
キリスト教	132
禁酒法	138
近接性	12, 56
近代地理学	10
金融	79, 81
空間	12, 17, 18, 62, 73, 153, 154
空間科学	54
空間拡散モデル	122
空間幾何	57
空間データ分析	58
空間的モデル	121
空間の囚人	70
空間パターン	62, 63
空間分析	55, 57, 59, 60, 63, 123, 140
グーグルアース	125
空中写真	108
グランド・セオリー	51, 60, 61, 76
クリスタラー・モデル	56
クレジット	79
グローバリゼーション	15, 78, 154
グローバルチェンジ	97, 152
グローバルプロセス	154
景観	4, 18, 66, 81, 103
景観科学	45
景観システム	36
景観生態学	102, 103
景観地理学	101, 152
経験主義	5, 63, 76, 77
経済学	64
経済人	57
経済地理学	63, 64
経済的同化	73
経済的プロセス	62
芸術	59, 65, 69, 128
系統地理学	19, 63
計量革命	31, 55, 76, 118
計量地理学	53
決定の理論	61
研究プロジェクト	20
権限委譲	74
懸谷	115
言語理論	65
言説分析	61, 75, 128, 131
原地形	29
検定	113, 119
後期啓蒙運動	10
高級化	81
公共空間	71
公共サービス	77, 123
広告	82, 128
高次中心地	56
洪水	133
構造主義	53, 60
構造土	148
公的統計センサス	57
行動地理学	53
小売りセンター	79
古気候復元	149
国際地理学連合	11
国勢調査	72, 77
国内総生産(GDP)	74, 123
国連	74
国連食糧農業機関(FAO)	95
国連人間開発指数	74
湖成堆積物	39, 150
言葉	69
子ども	71
固有種	101

さ 行

サービス……………………66, 79, 81
最近隣中心地……………………55
歳差運動……………………39
再生不能資源……………………94
最適立地……………………55, 131
サイバースペース……………………73
債務負担……………………74
砂丘層理……………………111
砂じん嵐……………………125
砂漠化……………………125
砂漠地域……………………53
サハラ……………………87
サバンナ草原……………………46
サブカルチャー……………………73
サヘル地域……………………48, 150
山岳地域……………………53
産業革命……………………42
サンゴ……………………39, 48
酸素同位対比……………………39
散村形態……………………66
ザンベジ川……………………3
参与観察……………………114
ジェスチャー……………………69
ジェンダー……………………70, 89, 132
ジェントリフィケーション……………………81
ジオエコロジカルフットプリント……98
ジオダイバーシティ……………………153
シカゴモデル……………………62
識字能力……………………74
資源……………………4
市場……………………55, 56, 60, 79, 81, 131
地震……………………95, 133, 134
システム手法……………………33
地滑り……………………133
自然アーカイブ……………………39
自然科学……………………20
自然環境……………………7, 14, 51
自然境界……………………13
自然景観……………………10
自然災害……………………9, 95, 132
自然地理学……………………11, 19, 49, 52, 157

自然淘汰……………………10
持続可能性……………………20, 47, 74
実証研究……………………131
実証主義研究……………………76, 77
質的記述……………………119
疾病地理学……………………121
地主……………………81
シミュレーション……………………119
シミュレーション・グリッド……………………121
地元住民……………………81
ジャイアントパンダ……………………104
社会科学……………………20
社会学……………………64
社会構造……………………65
社会主義国家……………………61
社会調査……………………57
社会地理学……………………64
社会の構築物……………………70
社会の産物……………………60
社会の排除……………………72
社会の理論……………………61, 62, 63
社会文化的プロセス……………………62
周氷河環境……………………151
自由貿易……………………78
シュトゥットガルト……………………56
樹木年輪……………………39
準平原……………………29
障がい者……………………71
商業立地……………………131
少数民族……………………72
小地域統計センサス……………………57
象徴……………………65
情動……………………73
鍾乳石……………………39
ショーネシーハイツ……………………79
消費者……………………55, 56, 131
小氷期……………………42, 89
植生……………………27, 30, 36
食品管理……………………8
食品不安……………………145
植民地……………………5, 8, 87, 118, 142
女性……………………70
印……………………8, 37, 68

進化論	5
人口	51, 57, 72, 77, 86
新興工業国(NICs)	74
人口地理学	64, 65, 121
人種	70, 71
心象	128
侵食輪廻	28, 29, 31, 110, 120
人新世	43
人智圏	25
人文科学	20
人文主義	58
人文地理学	11, 19, 51, 64, 78, 157
シンボル	69
心理学	64
森林伐採	119
水圏	23
水文学	45, 46
数学モデリング	118
数値的手法	55
数的技能	108, 119, 127
図化技能	108, 115
洗脱作用	33
図像	128
スターンレポート	148
スピタルフィールズ	81
生活様式	10, 65, 68, 82
生産システム	86
政治学	64
政治経済学	63
政治地理学	63, 64
政治的プロセス	62
政治的リーダーシップ	87
生態系	34
生物圏	23
生物多様性	153
生物地理学	45, 46, 110
税優遇	130
世界銀行	74
世界の空間流動	78
セクシュアリティ	70, 132
セグリゲーション研究	72
雪氷圏	23
雪氷地理学	46
遷移過程	146
センサスデータ	57
扇状地	111
先進国(MDCs)	74
先進社会	78
センターピボット式灌漑システム	96
洗脱作用	33
セントログラフィー分析	141
専門的労働力	81
相違係数	72
相関関係	119
相互作用	16, 20
測量技師	12

た 行

大気大循環	32, 149
体現化された知識	65
退職人口	77
堆石堤	148
代替技術	69
代替哲学	69
代替理論	69
大地形学	46
退氷地帯	144
第四紀	38, 111, 112
第四紀学	45
蛇行	115
多国籍企業	78
脱構築・再構成主義	52
タバコ納屋	69
多変量解析	57, 119, 120
探検	1, 19, 21
ダンス	69, 128
炭素収支	44
地域	81
地域科学	82
地域格差	60
地域研究	54
地域社会相互作用仮説	140
地域社会的抑制仮説	140
地域主義	54
地域変動性仮説	140
地球温暖化	7, 9, 130, 148

地球科学	11
地球観測（EO）	20, 108, 123, 126, 153
地球サミット	15
地球システム科学	45, 47
地球表層プロセス	31
地形学	45, 46
地形景観	28
地形形成年代	146, 148
地形発達	29
地形輪廻	28
地考古学	45
地誌学	2, 19, 53, 64, 85
地図	19, 110, 153
地図学	76
地図製作	2, 12, 76
地図投影	12, 116
地生態学	145, 146
地生態系	20
地生態圏	23
地雪氷学	45
知的空間	75
地表圏	23
地方自治体	81
中国人コミュニティ	72
中心概念	11
中心市街地	81
中心地理論	55, 58
中心都市小売地域	71
地理カリキュラム	125
地理情報システム（GIS）	20, 76, 103, 108, 118, 121, 123, 126, 153
賃金と消費の地理学	73
津波	133, 134
ツンドラ	46
帝国主義	5
帝国の時代	9
定質的, 印象主義的アプローチ	82
低所得世帯	81
定性的理論化	63
泥炭地	150
抵当資金	60, 79
泥流	134
定量的測定	119
定量的方法	20, 57
適応システム	92, 93
テクスト	82, 128
デス・ハウス	131, 133
哲学	64
デルタ	48
伝染病	9, 74
天文学的理論	38
トア	111
ドゥームズデイ・ブック	88
統計学	55
統計的データソース	57
統計的方法	118
統合地理学	19, 83, 84, 97, 98, 102, 156
洞察	65
投資	60, 81
同性愛者	71
凍土	46, 48
都市高齢者研究	70
都市サービス	73
都市成長	123
都市地理学	54, 63, 64, 113
土壌管理	33
土壌圏	23
土壌侵食	36
土壌生成プロセス	32, 33
土壌地理学	32, 45, 46
土壌発達	148
土壌劣化	33
土石流	111, 151
土地利用	55, 109, 113, 123
富める者	60
トランクセール	79
奴隷貿易	87

な 行

内戦	74
内的営力	29
難民	8, 9
人間 - 環境相互作用	152
人間科学	11
人間環境	20, 86
人間圏	25

事項索引　177

人間行動	57
認知空間	58
ネイバーフッド・ウォッチ	140
ネオグラシエーション	42
ネオグレーシャル・イベント	40
熱帯雨林	34
年代測定	111
年輪	150
農村地理学	64

は 行

バークレー学派	68
バイオマス	34, 36
ハイブリッド地理学	144, 145
ハヴォッド	68
白人特権階層	72
パクス・ブリタニカ	5
場所	12, 17, 18, 54, 62, 73, 81, 118, 153, 154
発展途上国(LDCs)	74, 86
パフォーマンス	65
ハモンド最適正角図法	116
パラダイム・シフト	52
パラダイム転換	63
ハリケーン・カトリーナ	134
パリンプセスト	17, 68
パレード	71
バンクーバー	79
犯罪者－居住地仮説	138
犯罪地理学	138
犯罪発生率	79
犯罪プロファイリング	123
氾濫原	135
ビーグル号	4
ビーコン・ヒル	79
比較研究法	20, 107
非現実性	82
非合理的行動	58
非政府組織	129
批判理論	20, 127, 142, 144
非表象理	65, 128, 131
ヒプシサーマル	40
氷河作用	29
氷河侵食	37
氷河堤外地	145
氷期	37
氷期－間氷期サイクル	113
表出	65
表象	65, 69
氷床コア	40
貧困地域	72, 79
フィードバック	93
フィードフォワード・ループ	93
フィールドスケッチ	115
フィールドワーク	20, 108, 109
フィクション	59, 65, 69, 128
風化	34, 48, 148
風食	125
風塵	120
風成砂	111
風成堆積	125
フェミニズム	70
フォーカスグループ	114
不均衡格差	74
複合社会地理学	75
符号	128
ブッシュミート	93
プランナー	81
ブリタニア	5
ブルー・スカイ	131
ブルース	129
プロセス革命	31, 33
プロバスケットボールリーグ	71
文化	65, 68, 73, 109, 128
文化景観	53, 114
文化圏	65
文化生態学	65
文化戦争	66
文化地理学	53, 59, 64, 65, 68, 114, 127
文化的景観	10
紛争	9
平均余命	74
ヘルベティック協会	37
ヘンドレ	68
包括的技能	108
崩積堆積物	111

亡命者	78
ホームファーム	68
牧草地	68
ポスター	128
ポスト構造主義	53, 61, 75, 127
ホスト都市	72
ポストモダニズム	53, 61, 65, 75, 127, 141, 142
ポストモダン的手法	63
母性	132
北極気候影響評価(ACIA)	149
ホットスポット	101
北方常緑針葉樹林	36
ポリネシア人	120
ホワイトカラー層	138

ま 行

マイクロクレジット機関	86
迷子石	37
埋没土壌	111
貧しい者	60
マトグロッソ	20
マルクス主義	60, 76, 140
マレーシア・サバ地区	129
マンガレバ島	119
未固結物質	32
水戦争	94
民間部門	123
民族集団	72
無機物循環	34
無作為抽出	119
ムル熱帯林	20
メタ物語	53, 61, 62, 76
メディア研究	128
メルカトル図法	116
メンタルイメージ	118
メンタルマップ	13, 58, 116, 118
モダニズム批評	144
モデリング	113
モデル	54, 55, 57

モルモン教徒	6
モルモン文化圏	6, 68
モレーン	37

や 行

焼畑農業	36
U字谷	37
郵便番号くじ	79
遊牧民経済	53
溶脱作用	32

ら 行

ラカン派精神分析	144
利益報酬	81
陸面-海洋-大気システム相互作用	40
離心率	39
リター	34
利他主義	132
立地係数	72
リテラシー	108, 127
リモートセンシング	20, 103
略奪地域	79
隆起	29
倫理の考慮	114
類型的地区分類	79
ルプレー協会	114
歴史学	64
歴史地理学	63, 64, 83, 131
レクリエーション	71
レジャー	71
レス	39
レズビアン	71
レリック	88
労働人口移動	77
ローマ帝国	6
ローン	79
ロマン主義	144

わ 行

ワヒバ砂漠	20

人名索引

あ 行

アガシー（Louis Agassiz）……………37
アッカーマン（Edward Ackerman）…16
アレニウス（Svante Arrhenius）………43
ウィリアムス（Michael Williams）……90
ウィリアムズ（Raymond Williams）…69
エデン（Sally Eden）……………………155
オースティン（Jane Austen）……141, 142

か 行

カストリー（Noel Castree）……………69
クラーク（David Clarke）………………142
クラーク（K. G. T. Clark）………………52
クリスタラー（Walther Chistaller）……55
クルッツェン（Paul J. Crutzen）………43
グレゴリー（Derek Gregory）…………77
クレメンツ（Frederick E. Clements）…28
クローテ（Stuart Cloete）………………5
コールマン（Alice Coleman）…………113
コスグローヴ（Denis Cosgrove）………103
コロンブス（Christopher Columbus）…3

さ 行

サウアー（Carl Sauer）………68, 103, 114
サマーヴィル（Mary Somerville）………27
シーザー（Julius Caesar）………………2
シェパード（Eric Sheppard）……………63
スコット（Robert Falcon Scott）……3, 20
スタンプ（Dudley Stamp）……………113
ストーマー（Eugene Stoermer）………43
ソシュール（Ferdinand de Saussure）…128

た 行

ダーウィン（Charles Darwin）………4, 28
ダービー（H. C. Darby）…………………88
ダイアモンド（Jared Diamond）………119
チューネン（Johann Heinrich von Thünen）……………………………54
ディヴィス（William Morris Davis）…28
デーヴィス（Wayne Davies）……………78

デリダ（Jacques Derrida）………62, 128
トロール（Karl Troll）…………………102

は 行

ハーヴェイ（David Harvey）………60, 128
パーク（Robert Park）……………………62
バージェス（Ernest Burgess）……………62
ハーツホーン（Richard Hartshorne）
………………………………………54, 85
ハクスリー（Thomas Huxley）…………28
バスコ・ダ・ガマ（Vasco da Gama）……3
ブラーシュ（Vidal de la Blache）………18
フンボルト（Alexander von Humboldt）
…………………………………10, 27, 101
ヘーゲルストランド（Torsten Hager-strand）……………………………121
ボードリヤール（Jean Baudrillard）
………………………………………82, 128
ホワイト（Gilbert White）……………135

ま 行

マーシュ（George Perkins Marsh）…7, 42
マッキンダー（Halford Mackinder）…10
マッシー（Doreen Massey）……………78
ミッチェル（Don Mitchell）……………65
ミランコヴィッチ（Milutin Milankovitch）………………………………38
メルカトル（Gererdus Mercator）……12

や 行

ヤング（Brigham Young）………………6

ら 行

リヴィングストン（David Livingstone）
………………………………………3, 20
リッター（Karl Ritter）…………………10
リンチ（Kevin Lynch）…………………62
ロレット（Barry Rollet）………………119

わ 行

ワットモア（Sarah Whatmore）…128, 144

\multicolumn{2}{l}{マシューズ＆ハーバート　地理学のすすめ}
	平成 27 年 3 月 25 日　発　　　行
	令和 4 年 12 月 20 日　第 4 刷発行
訳　者	森島　済・赤坂郁美・羽田麻美・両角政彦
発行者	池　田　和　博
発行所	丸善出版株式会社
	〒101-0051　東京都千代田区神田神保町二丁目17番
	編集：電話(03)3512-3264／FAX(03)3512-3272
	営業：電話(03)3512-3256／FAX(03)3512-3270
	https://www.maruzen-publishing.co.jp

Ⓒ Wataru Morishima, Ikumi Akasaka,
　Asami Hada, Masahiko Morozumi, 2015

組版印刷・株式会社 精興社／製本・株式会社 松岳社

ISBN978-4-621-08900-2 C1025　　　　　Printed in Japan

本書の無断複写は著作権法上での例外を除き禁じられています．